Les tableaux croisés dynamiques avec Excel

Un guide visuel détaillé
Excel 2016/2013

Incluant des exercices pratiques et des solutions pour débutants

Par

A. J. Wright

Les tableaux croisés dynamiques avec Excel

Un guide visuel détaillé

Construye tu portafolio mientras aprendes HTML, CSS y JavaScript paso a paso con apoyo

Copyright 2023 © Ojula Technology Innovations

ISBN: 9798387857430

Publicado en los Estados Unidos

Limitación de responsabilidad/Exención de garantía

Table des matières

NdT : Notations : Tout ce que vous aurez à taper sera dans cette `police`, que ce soit une formule comme « `='Ventes prévues'+('Ventes prévues'*0,015)` » ou du `code` VBA « `.TableStyle2 = "PivotStyleLight13"` ».

Mais pas de panique, tout cela vous est expliqué clairement, pas-à-pas, au cours des pages. Une « dernière » chose : les menus, titres de boîtes de dialogue, éléments de volet latéral, etc., seront en `Courier New`, comme dans cet exemple :

Fig. 6.2 : La boîte de dialogue `Paramètres des champs de valeurs`.

Et pour ceux qui auront envie de creuser le chapitre 7, j'ai ajouté parfois l'équivalent en VBA de la manipulation indiquée.

Comment utiliser ce livre

Ce livre peut aussi bien vous servir de tutoriel que de guide de référence visuel rapide. Il est destiné à des utilisateurs possédant de bonnes bases de Microsoft® Excel® et prêts à aller plus loin pour apprendre à se servir des *tableaux croisés dynamiques et de leurs graphiques*.

L'auteur suppose que vous sachiez déjà comment créer, ouvrir, sauvegarder et modifier un classeur Excel® et que vous connaissiez bien les menus et barres d'outils.

La plupart des exemples de ce livre ont été réalisés grâce à Excel 2016[1]. Néanmoins, toutes les fonctionnalités et formules indiquées ici peuvent être appliquées à Excel 2013. Bien que les captures d'écran de ce livre aient été réalisées avec Excel 2016, les fonctionnalités et l'affichage ne sont pas très différents avec la version 2013.

Veuillez ne pas oublier de sauvegarder votre travail à mesure que vous avancerez dans votre lecture. Lorsque vous vous essayez à une nouvelle fonctionnalité, la meilleure des façons de le faire est en réalisant une copie du classeur original et en effectuant vos essais avec le classeur copié. Si quelque chose se passe mal, vous pourrez ainsi toujours repartir de l'original.

Lien de téléchargement des fichiers d'exercices

Les fichiers dont nous nous servirons plus tard dans ce livre sont téléchargeables à l'adresse suivante[2] : https://bit.ly/3aOaiSn.

---

[1] NdT : Les copies d'écran en français ont été réalisées avec Excel 2019.

[2] NdT : En anglais.

Chapitre 1 : introduction aux tableaux croisés dynamiques

Les bases de données contiennent des données brutes sur tous les sujets imaginables mais elles sont généralement stockées sous forme de tableaux. Dans de nombreux cas, la quantité énorme de données rend la manipulation des informations difficile tout autant que leur conversion en un document lisible.

Qu'est-ce qu'un tableau croisé dynamique ?

Un tel tableau est une technique simple mais puissante qui permet aux utilisateurs d'Excel de transformer une grande quantité de données en une présentation bien organisée et pleine de sens.

Grâce aux tableaux croisés dynamiques, les utilisateurs peuvent effectuer toutes sortes de calculs sur leurs données, tels que des moyennes, des comptages, des minimums des maximums, etc.

En outre, les tableaux croisés vous permettront de filtrer et de trier vos données aussi facilement que rapidement. Ainsi, les utilisateurs pourront se focaliser sur une partie plus ou moins grande des données, même si les tableaux initiaux sont immenses (certaines bases de données peuvent contenir un million d'enregistrements ou plus) ; de cette manière, les utilisateurs pourront consulter les données qu'ils désirent de façon claire et concise.

Partant d'un seul tableau de données, vous pourrez créer des douzaines de rapports et de graphiques pour analyser les données, avec des échantillons représentatifs, en faisant simplement glisser des champs à l'endroit approprié.

Ainsi, un tableau croisé vous permettra de mieux comprendre les processus et les tendances du moment. C'est donc un outil très utile pour prendre des décisions. Les données sources du tableau croisé peuvent provenir d'un fichier Excel existant ou de bases de données (comme Access ou une base de données SQL[3]).

Une image valant mille mots, voici quelques exemples de tableaux croisés dynamiques, issus de la même base de données, celle de la fig. 1.0, des employés d'une usine :

---

[3] NdT : *Structured Query Language*, langage structuré d'interrogation de bases de données.

Employee No.	Start Date	Section	Department	Role	Gender	City	Monthly Salary
W1331	02/01/2005	Sales and Marketing	Marketing	Person Marketing	Female	Detroit	2.875
W1332	09/09/2005	Sales and Marketing	Marketing	Person Marketing	Female	Detroit	3.031
W1333	09/02/2009	Sales and Marketing	Marketing	Person Marketing	Female	Los Angeles	3.035
W1334	06/07/2007	Sales and Marketing	Marketing	Person Marketing	Female	Detroit	3.293
W1335	12/11/2009	Sales and Marketing	Marketing	Person Marketing	Female	Detroit	3.253
W1336	06/05/2005	Sales and Marketing	Marketing	Person Marketing	Female	Los Angeles	3.136
W1337	02/05/2002	Sales and Marketing	Marketing	Person Marketing	Female	Detroit	3.346
W1338	01/03/2003	Sales and Marketing	Marketing	Person Marketing	Male	Miami	2.864
W1339	03/10/2006	Sales and Marketing	Marketing	Person Marketing	Male	San Diego	3.178
W1340	04/11/2005	Sales and Marketing	Marketing	Person Marketing	Female	Detroit	3.007
W1341	11/05/2006	Sales and Marketing	Marketing	Person Marketing	Female	Los Angeles	3.027
W1112	02/12/2003	Sales and Marketing	Sales	salesperson	Male	New Jersey	3.741
W1113	04/09/2011	Sales and Marketing	Sales	salesperson	Male	Miami	4.015
W1114	06/08/2005	Sales and Marketing	Sales	salesperson	Female	Los Angeles	4.189
W1115	05/07/2008	Sales and Marketing	Sales	salesperson	Male	San Diego	3.651
W1116	04/06/2009	Sales and Marketing	Sales	salesperson	Male	Detroit	3.906
W1117	03/08/2004	Sales and Marketing	Sales	salesperson	Male	New Jersey	3.785
W1118	08/06/2011	Sales and Marketing	Sales	salesperson	Female	Detroit	3.707
W1119	02/05/2004	Sales and Marketing	Sales	salesperson	Female	New Jersey	3.916
W1120	07/12/2007	Sales and Marketing	Sales	salesperson	Female	Los Angeles	4.085
W1121	03/12/2010	Sales and Marketing	Sales	salesperson	Male	New Jersey	4.250
W1122	10/10/2001	Sales and Marketing	Sales	salesperson	Male	San Diego	4.241
W1123	02/01/2011	Sales and Marketing	Sales	salesperson	Male	Miami	3.666
W1124	04/01/2003	Sales and Marketing	Sales	salesperson	Female	Detroit	4.397
W1125	01/05/2011	Sales and Marketing	Sales	salesperson	Male	Los Angeles	3.662
W1126	08/11/2008	Sales and Marketing	Sales	salesperson	Female	Detroit	4.349
W1127	06/04/2008	Sales and Marketing	Sales	salesperson	Male	Miami	3.973
W1128	02/10/2006	Sales and Marketing	Sales	salesperson	Female	Los Angeles	3.661
W1129	12/04/2011	Sales and Marketing	Sales	salesperson	Female	Los Angeles	3.682
W1130	01/12/2002	Sales and Marketing	Sales	salesperson	Female	New Jersey	4.276

Fig. 1.0 : Base de données des employés[4]

Le tableau croisé dynamique suivant en a été tiré :

Department	▼	Count of Employee No.
Accounting		3
accounting department		6
Engraving		453
headquarters		3
Human Resources		9
Marketing		12
Sales		204
Welding		310
Grand Total		**1000**

Fig. 1.1 : Nombre d'employés par département

---

[4] NdT : Je n'ai traduit que les tableaux servant aux exercices.

Le prochain tableau examine la répartition des hommes et des femmes :

Count of Employee No.	Gender	
Department	Female	Male
Accounting	2	1
accounting department	4	2
Engraving	226	227
headquarters	2	1
Human Resources	4	5
Marketing	9	3
Sales	106	98
Welding	144	166

Fig. 1.2 : Distribution par genre et par département

Average of Monthly Salary	
Department	Total
Accounting	4,551.00
Accounting department	2,947.67
Engraving	2,027.04
Headquarters	4,730.33
Human Resources	3,037.22
Marketing	3,195.75
Sales	3,999.12
Welding	2,127.72
Grand Total	**2,504.88**

Fig. 1.3 : Salaire moyen par département

| Average of Monthly Salary | Section | | |
Role	Management	Manufacturing	Sales and Marketing
Accountant	4,551		
Bookkeeper	2,773		
Department Manager	5,140	4,602	4,449
Engineer		7,474	
Manager	3,864	3,920	4,206
Person Marketing			3,095
Practical Engineer		7,385	
Production Worker		1,827	
Recruitment Coordinator	1,843		
salesperson			3,999
Senior Recruitment Coordinator	4,737		
Grand Total	**3,359**	**2,071**	**3,957**

Fig. 1.4 : Salaire moyen dans chaque département par poste

Les concepts de base

Ce chapitre aborde les bases des tableaux croisés dynamiques. À mesure que vous vous familiariserez avec les définitions suivantes, ces concepts s'éclairciront dans vos têtes :

Tableau de données : Un ensemble de données brutes, disposées en tableau. Cela peut servir de source de données à un tableau croisé dynamique.

Tableau croisé dynamique : Un tableau qui affiche les données de diverses manières, entrecroisées, tel que décrit dans ce livre.

Colonne : Une section verticale du tableau composée de données du même type, tel que prénom, identifiant, ville, etc.

Champ : L'en-tête de colonne est appelé un « champ ».

Cellule : Une cellule est l'intersection d'une ligne et d'une colonne ; elle contient des données.

Élément : Les données d'une cellule. Par exemple, New York et Detroit sont des éléments du champ « *City* ».

Enregistrement : Une série de données sur une même ligne qui appartient à la même entité, comme l'ensemble des données d'un tableau concernant une même personne.

Les conditions pour créer un tableau croisé dynamique

Les conditions nécessaires :

— Chaque colonne doit comporter un titre.

— Le titre devrait être contenu dans une seule ligne.

— Dans une colonne, tous les éléments devraient être des données de même type (des nombres, des dates ou des chaînes).

— Le tableau de données ne doit contenir aucune cellule fusionnée, ni totaux généraux ni sous-totaux.

— Le tableau ne doit présenter aucune ligne ou colonne vide (s'il en reste une, Excel considérera qu'il y a deux tableaux différents[5]).

— Après avoir créé un tableau croisé dynamique, ne changez pas les titres des champs (les en-têtes de colonnes), autrement les valeurs du tableau croisé dynamique seront effacées[6].

Les conditions souhaitables :

— Des en-têtes différents à chaque colonne (lorsque deux champs ont le même nom, un 2 sera ajouté au nom du second champ, comme « `salaire2` » par exemple).

— Des données complètes pour chaque enregistrement (lorsqu'il manque des données, les calculs ne s'appliqueront qu'aux enregistrements disponibles. On peut observer ça dans le cas de calcul de moyennes ou autres).

Les limites d'un tableau croisé dynamique

— Nombre de rapports de tableaux croisés dynamiques : limité par la mémoire disponible.

— Des éléments uniques pour chaque champ.

— Champs de lignes ou de colonnes dans le tableau croisé dynamique : limité par la mémoire disponible.

— Filtres de rapport d'un tableau croisé dynamique : 256 (peut être limité par la mémoire disponible).

— Champs de valeur d'un tableau croisé dynamique : 256.

---

[5] NdT : Ça ne semble pas déranger Excel 2019.

[6] NdT : Effacées lors de l'actualisation, et un rétablissement de l'en-tête n'y fera rien.

— Formules pour les éléments calculés d'un tableau croisé dynamique : limité par la mémoire disponible.

Note importante : À cause des limites des tableaux croisés dynamiques et selon les données de votre ordinateur personnel, il serait bon que vous sauvegardiez les exercices proposés dans ce livre dans un fichier ou un classeur séparé pour chaque chapitre.

Chapitre 2 : créer un tableau croisé dynamique

Générer des tableaux croisés dynamiques avec Excel 2013/2016 est un processus rapide, consistant en trois **étapes simples** :

Étape 1. Sélectionnez les données source et l'endroit où apparaîtra votre tableau croisé.

Étape 2. Glissez-déplacez les champs voulus.

Étape 3. Servez-vous des outils du menu pour faire vos calculs et vos formatages (la plupart d'entre eux peuvent être atteints par un clic droit dans la zone correspondante du tableau croisé dynamique).

La source des données

La source d'un tableau croisé dynamique peut être :

— le fichier Excel ouvert,
— un autre fichier Excel,
— ou d'autres types de fichiers, tels qu'Access ou une base de données SQL.

Pour sélectionner un tableau de données dans le classeur ouvert :

— Après avoir cliqué sur le menu Insertion, puis sur Tableau croisé dynamique, le tableau entier sera automatiquement sélectionné.
— Vous pouvez changer de plage de données en en sélectionnant une autre à l'aide de la souris.

Pour sélectionner un tableau de données dans un autre fichier Excel :

— Avant de cliquer sur Tableau croisé dynamique, assurez-vous que le fichier contenant le tableau de données est ouvert.

— À l'aide de la barre des tâches de Windows, sélectionnez le fichier en question puis la zone voulue.

Nous parlerons de la façon de générer un tableau croisé dynamique avec d'autres sources de données plus tard dans ce livre. Vous devriez suivre chaque étape indiquée dans cet exemple. Pour cela, servez-vous du lien suivant pour télécharger le classeur d'exemple : https://bit.ly/3aOaiSn.

La structure d'un tableau croisé dynamique

Comme vous l'avez peut-être remarqué avec l'exemple ci-dessus, l'affichage d'un tableau croisé dynamique se divise en trois zones :

1. La liste des champs dans le volet latéral.
2. Les sections ou zones du tableau croisé dynamique dans le volet latéral, en dessous de la liste des champs.
3. Le tableau croisé dynamique lui-même.

La liste des champs

Elle contient les en-têtes de colonnes de la plage initiale sélectionnée, autrement dit les données sources.

Sections

Le tableau croisé dynamique est divisé en quatre zones dans lesquelles on peut faire glisser les champs voulus :

— Colonnes : l'endroit où l'on peut faire glisser un champ pour qu'il apparaisse en colonne ;

— Lignes : l'endroit où l'on peut faire glisser un champ pour qu'il apparaisse en ligne ;

— Valeurs : l'endroit où l'on peut faire glisser un champ pour qu'il soit calculé (moyenne, minimum, maximum, dénombrement, écart-type, etc.) ;

— Filtres : l'endroit où l'on peut faire glisser un champ pour qu'il serve de filtre.

Les COLONNES et les LIGNES forment les **pivots** du tableau croisé dynamique (*pivot table* en anglais).

Créer votre premier tableau croisé dynamique

Étape 1. Faites un double clic sur le classeur que vous venez de télécharger pour qu'il s'ouvre avec Microsoft Excel. La feuille contient les données pour le tableau croisé dynamique que nous voulons créer. Ce classeur s'ouvrira sur la `Feuil1` et ressemblera à la figure suivante :

	A	B	C	D	E	F
1	numéro de commande	produit	prix unitaire	quantité	prix	remise
2	10248	céleri	14,00 €	8	112,00 €	0,00%
3	10248	pommes déshydratées	42,40 €	35	1 484,00 €	0,00%
4	10248	tofu	18,60 €	5	93,00 €	0,00%
5	10248	spaghettis	9,80 €	10	98,00 €	0,00%
6	10248	confiture d'oranges	64,80 €	11	712,80 €	0,00%
7	10249	mozzarella	34,80 €	26	904,80 €	5,00%
8	10249	tofu	18,60 €	9	167,40 €	5,00%
9	10249	pommes déshydratées	42,40 €	24	1 017,60 €	5,00%
10	10250	chaudrée de palourdes	7,70 €	10	77,00 €	5,00%
11	10250	pommes déshydratées	42,40 €	35	1 484,00 €	0,00%
12	10250	sauce forte aux piments	16,80 €	15	252,00 €	5,00%
13	10251	bagels	16,80 €	6	100,80 €	0,00%
14	10251	raviolis	15,60 €	15	234,00 €	0,00%
15	10251	sauce forte aux piments	16,80 €	20	336,00 €	0,00%
16	10251	confiture d'oranges	64,80 €	40	2 592,00 €	0,00%

Fig. 2.0 : Tableau de données d'exercice, `Feuil1`

numéro de commande	produit	prix unitaire	quantité	prix	remise
10 248	céleri	14,00 €	8	112,00 €	0 %
10 248	pommes déshydratées	42,40 €	35	1 484,00 €	0 %
10 248	tofu	18,60 €	5	93,00 €	0 %
10 248	spaghettis	9,80 €	10	98,00 €	0 %
10 248	confiture d'oranges	64,80 €	11	712,80 €	0 %
10 249	mozzarella	34,80 €	26	904,80 €	5 %
10 249	tofu	18,60 €	9	167,40 €	5 %
10 249	pommes déshydratées	42,40 €	24	1 017,60 €	5 %
10 250	chaudrée de palourdes	7,70 €	10	77,00 €	5 %
10 250	pommes déshydratées	42,40 €	35	1 484,00 €	0 %
10 250	sauce forte aux piments	16,80 €	15	252,00 €	5 %
10 251	bagels	16,80 €	6	100,80 €	0 %
10 251	raviolis	15,60 €	15	234,00 €	0 %
10 251	sauce forte aux piments	16,80 €	20	336,00 €	0 %
10 251	confiture d'oranges	64,80 €	40	2 592,00 €	0 %

Étape 2. Sélectionnez `Feuil2` en cliquant dessus en bas de fenêtre. Sélectionnez la cellule où le tableau croisé dynamique atterrira. Dans notre exemple, c'est la cellule A1 de `Feuil2`, comme sur la figure ci-dessous :

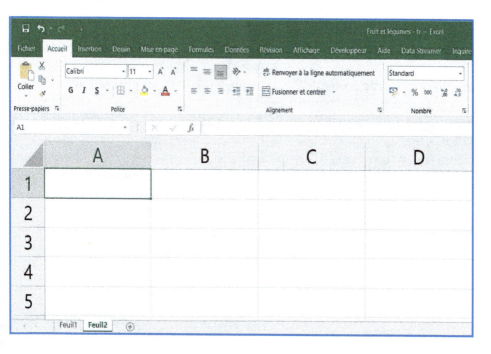

Fig. 2.1 : `Feuil2` avec la cellule A1 sélectionnée pour notre futur tableau croisé dynamique

Étape 3. Sélectionnez le menu ou onglet `Insertion`, puis cliquez sur le bouton `Tableau croisé dynamique` :

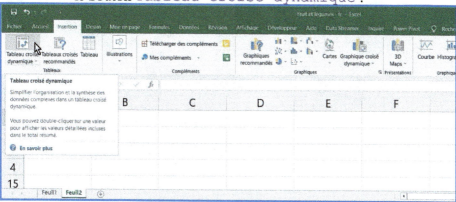

Fig. 2.2 : Sélection de `Tableau croisé dynamique` dans le menu `Insertion`

Une boîte de dialogue — Tableau croisé dynamique à partir d'une table ou d'une plage. (Créer un tableau croisé dynamique avec les versions précédentes) — apparaîtra comme en figure 2.3. Assurez-vous, avec les versions antérieures à 2019, d'avoir coché le bouton radio Sélectionner un tableau ou une plage sous l'en-tête Choisissez les données à analyser. Notez que dans la Feuil1, notre tableau de données a 16 lignes et F colonnes. C'est pourquoi dans notre exemple, nous avons sélectionné les cellules A1 à F16 de Feuil1, comme indiqué par la formule Feuil1!$A$1:$F$16. Recopiez-la si nécessaire dans la zone de saisie Tableau/plage : puis cliquez sur le bouton OK.

---

[7] NdT : Et 2019 :

11	Allemagne	Sarah	Taylor	900	1	381	261	285	927		
12	Espagne	Alex	Steller	1000	1	163	212	127	502	Étiquettes de lignes	Somme de Total
13	Espagne	Billy	Winchester	1156	1	179	234	140	552	Allemagne	2171,823
14	Espagne	Helen	Simpson	817	1	148	193	116	457	France	11358,9
15	Espagne	Jack	Smith	100	1	111	145	87	343	Total général	13530,723
16	Espagne	Joe	Tanner	400	1	122	160	96	377		
17	Espagne	Peter	Graham	700	1	134	175	105	415		
18	France	Bob	Taylor	1174	2	113	390	65	567		
19	France	Helen	Smith	833	2	1 006	1 393	940	3 338		
20	France	Jill	Johnson	200	2	774	1 071	723	2 568		
21	France	Sally	Morton	500	2	1 295	1 638	1 236	4 169		

Microsoft Excel   ×

⚠ Nous ne pouvons pas modifier les cellules sélectionnées, car cela affecterait un tableau croisé dynamique. Pour modifier le rapport, veuillez utiliser la liste de champs. Si vous essayez d'insérer ou de supprimer des cellules, nous vous conseillons de déplacer le tableau croisé dynamique, puis de réessayer.

OK

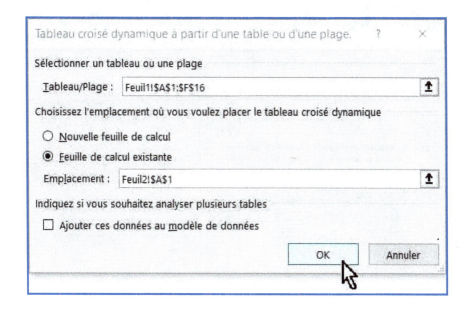

Fig. 2.3 : La boîte de dialogue « `Tableau croisé dynamique à partir d'une table ou d'une plage.` » complétée

Note importante : Le tableau croisé dynamique peut être mis dans la même feuille de calcul que le tableau de données, ou dans une autre feuille comme nous venons de le faire. Mais notez bien que si vous choisissez de mettre le tableau croisé dynamique ***dans la même feuille*** que le tableau de données, **vous ne pourrez pas supprimer une ligne entière.** Ceci étant valable aussi bien avec la version 2016 que 2013[7].

Le tableau croisé dynamique (image retouchée pour qu'elle prenne moins de place) devrait maintenant ressembler à ce que vous voyez en figure 2.4 :

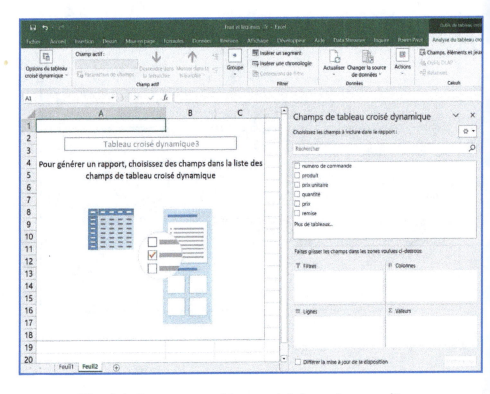

Fig. 2.4 : Le nouveau tableau croisé dynamique, au départ

Nous allons maintenant sélectionner, dans le volet latéral, les champs que nous voulons inclure dans notre rapport ou tableau croisé dynamique. La capture d'écran de la figure 2.5 vous montre deux cases cochées devant les noms de champs `numéro de commande` et `quantité`.

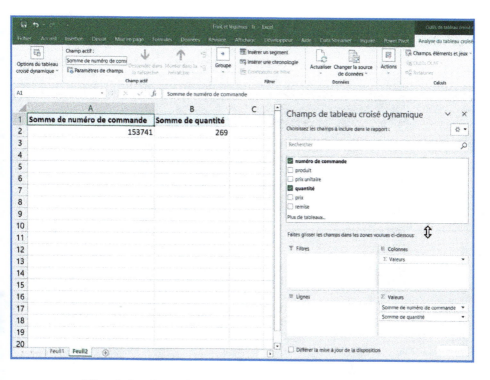

Fig. 2.5 : Choix des champs à ajouter à notre rapport

Maintenant, dans la section `Valeurs` du volet, en bas à droite, nous faisons glisser `Somme de numéro de commande` jusqu'à la section `Lignes` (comme indiqué par la flèche orange de la figure 2.6).

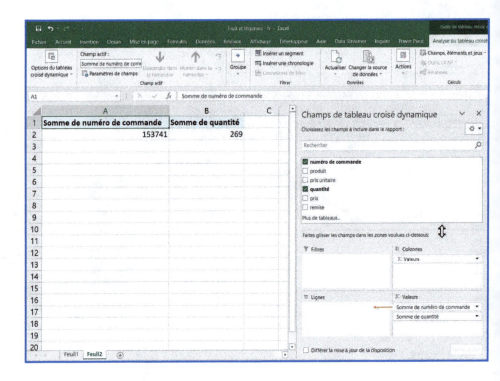

Fig. 2.6 : Glissement de `Somme de numéro de commande` dans la section vide `Lignes`

La figure 2.7 vous montre le nouvel affichage du rapport :

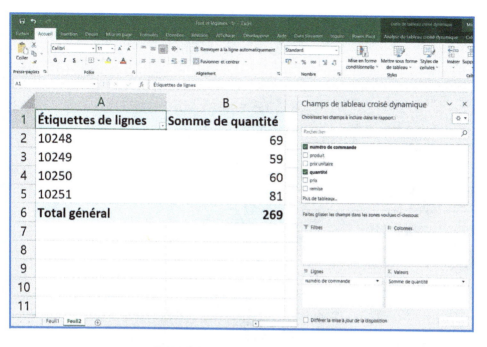

Fig. 2.7 : Le rapport mis à jour[8]

Ensuite, préférant que la cellule A1 affiche numéro de commande et non Étiquettes de lignes comme à présent, nous changeons son contenu en cliquant sur la cellule A1 où nous tapons « num. cmd. ».

Il est préférable de donner aux champs des noms courts, vu qu'ils apparaîtront en en-tête du tableau croisé dynamique. Évitez d'utiliser les mots **somme**, **moyenne**, **minimum** ou **maximum** dans les en-têtes, étant donné qu'ils sont automatiquement ajoutés quand les calculs sont réalisés. Cela vous évitera d'avoir des en-têtes déplorables tels que « Somme de somme des salaires ».

Finalement, nous voyons enfin avec la capture d'écran de la figure 2.8 notre tableau croisé dynamique (notre rapport) terminé avec la quantité totale de chaque commande :

---

[8] NdT : Si à un moment donné le volet latéral n'apparaît pas en sélectionnant une des cellules du tableau croisé dynamique, faites un clic droit sur une de ces cellules et cliquez sur Afficher la liste de champs.

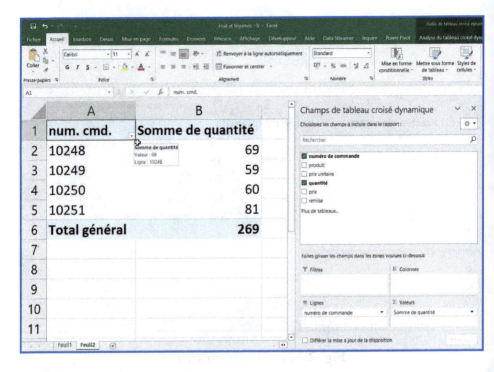

Fig. 2.8 : Le tableau croisé dynamique complété

Chapitre 3 : créer un graphique croisé dynamique

Nous nous servirons du classeur **FruitSales.xlsx**, situé dans le dossier que vous avez téléchargé à la section **Comment utiliser ce livre**, pour générer un autre tableau croisé dynamique, puis un graphique de tableau croisé dynamique, pas à pas.

La figure 3.0 vous montre une partie de ce classeur (tronqué pour des raisons bien compréhensibles).

	A	B	C	D	E	F	G	H	I
1	Pays	Prénom vendeur	Nom vendeur	Identif. vendeur	trimestre	pommes	oranges	mangues	Total
2	France	Bob	Taylor	1174	1	1 810	2 039	1 771	5 620
3	France	Helen	Smith	833	1	102	354	59	516
4	France	Jill	Johnson	200	1	93	322	54	469
5	France	Sally	Morton	500	1	595	824	556	1 975
6	France	Sam	Becker	800	1	863	1 092	824	2 779
7	Allemagn	Abbey	Williams	690	1	346	237	260	843
8	Allemagn	John	Dower	255	1	260	178	195	633
9	Allemagn	John	Wilson	300	1	286	196	215	696
10	Allemagn	Mary	Nelson	600	1	315	215	236	766
11	Allemagn	Sarah	Taylor	900	1	381	261	285	927
12	Espagne	Alex	Steller	1000	1	163	212	127	502
13	Espagne	Billy	Winchester	1156	1	179	234	140	552
14	Espagne	Helen	Simpson	817	1	148	193	116	457
15	Espagne	Jack	Smith	100	1	111	145	87	343
16	Espagne	Joe	Tanner	400	1	122	160	96	377
17	Espagne	Peter	Graham	700	1	134	175	105	415
18	France	Bob	Taylor	1174	2	113	390	65	567
19	France	Helen	Smith	833	2	1 006	1 393	940	3 338
20	France	Jill	Johnson	200	2	774	1 071	723	2 568
21	France	Sally	Morton	500	2	1 295	1 638	1 236	4 169
22	France	Sam	Becker	800	2	2 806	3 160	2 745	8 711
23	Allemagn	Abbey	Williams	690	2	1 674	1 494	1 531	4 699
24	Allemagn	John	Dower	255	2	762	680	697	2 139

Fig. 3.0 : Le classeur FruitSales.xlsx

Pays	Prénom	Nom	Identifiant	trimestre	pommes	oranges	mangues	Total
		vendeur				fruits		
France	Bob	Taylor	1 174	1	1 810	2 039	1 771	5 620
France	Helen	Smith	833	1	102	354	59	516
France	Jill	Johnson	200	1	93	322	54	469
France	Sally	Morton	500	1	595	824	556	1 975
France	Sam	Becker	800	1	863	1 092	824	2 779
Allemagne	Abbey	Williams	690	1	346	237	260	843
Allemagne	John	Dower	255	1	260	178	195	633
Allemagne	John	Wilson	300	1	286	196	215	696
Allemagne	Mary	Nelson	600	1	315	215	236	766
Allemagne	Sarah	Taylor	900	1	381	261	285	927
Espagne	Alex	Steller	1 000	1	163	212	127	502
Espagne	Billy	Winchester	1 156	1	179	234	140	552
Espagne	Helen	Simpson	817	1	148	193	116	457
Espagne	Jack	Smith	100	1	111	145	87	343
Espagne	Joe	Tanner	400	1	122	160	96	377
Espagne	Peter	Graham	700	1	134	175	105	415
France	Bob	Taylor	1 174	2	113	390	65	567
France	Helen	Smith	833	2	1 006	1 393	940	3 338
France	Jill	Johnson	200	2	774	1 071	723	2 568
France	Sally	Morton	500	2	1 295	1 638	1 236	4 169
France	Sam	Becker	800	2	2 806	3 160	2 745	8 711
Allemagne	Abbey	Williams	690	2	1 674	1 494	1 531	4 699
Allemagne	John	Dower	255	2	762	680	697	2 139
Allemagne	John	Wilson	300	2	991	884	906	2 781
Allemagne	Mary	Nelson	600	2	1 288	1 149	1 178	3 615
Allemagne	Sarah	Taylor	900	2	2 176	1 942	1 991	6 109
Espagne	Alex	Steller	1 000	2	1 751	1 848	1 682	5 281
Espagne	Billy	Winchester	1 156	2	2 276	2 402	2 187	6 865
Espagne	Helen	Simpson	817	2	1 347	1 421	1 294	4 062
Espagne	Jack	Smith	100	2	613	647	589	1 849
Espagne	Joe	Tanner	400	2	797	841	766	2 404
Espagne	Peter	Graham	700	2	1 036	1 093	995	3 125
France	Bob	Taylor	1 174	3	1 307	1 810	1 222	4 339
France	Helen	Smith	833	3	2 913	3 686	2 781	9 379
France	Jill	Johnson	200	3	1 942	2 457	1 854	6 253
France	Sally	Morton	500	3	4 349	4 899	4 255	13 502
France	Sam	Becker	800	3	124	429	72	624
Allemagne	Abbey	Williams	690	3	3 476	3 200	3 257	9 933
Allemagne	John	Dower	255	3	1 030	948	965	2 943
Allemagne	John	Wilson	300	3	1 545	1 422	1 448	4 415
Allemagne	Mary	Nelson	600	3	2 318	2 133	2 171	6 622
Allemagne	Sarah	Taylor	900	3	5 214	4 799	4 885	14 899
Espagne	Alex	Steller	1 000	3	4 460	4 632	4 339	13 431
Espagne	Billy	Winchester	1 156	3	6 690	5 095	4 772	16 558
Espagne	Jack	Smith	100	3	881	915	857	2 653
Espagne	Joe	Tanner	400	3	1 322	1 373	1 286	3 980
Espagne	Peter	Graham	700	3	1 982	2 059	1 928	5 969
France	Bob	Taylor	1 174	4	4 369	5 528	4 172	14 069
France	Helen	Smith	833	4	10 447	11 769	10 222	32 439

Pays	Prénom	Nom	Identifiant	trimestre	pommes	oranges	mangues	Total
France	Jill	Johnson	200	4	6 740	7 593	6 595	20 928
France	Sally	Morton	500	4	136	471	79	687
France	Sam	Becker	800	4	1 699	2 353	1 588	5 641
Allemagne	Abbey	Williams	690	4	7 362	7 057	7 120	21 539
Allemagne	John	Dower	255	4	1 977	1 895	1 912	5 784
Allemagne	John	Wilson	300	4	3 064	2 937	2 964	8 965
Allemagne	Mary	Nelson	600	4	4 750	4 553	4 594	13 896
Allemagne	Sarah	Taylor	900	4	11 411	10 938	11 036	33 385
Espagne	Alex	Steller	1 000	4	10 551	10 747	10 413	31 711
Espagne	Billy	Winchester	1 156	4	16 354	11 822	11 454	39 631
Espagne	Helen	Simpson	817	4	2 973	3 088	2 892	8 954
Espagne	Helen	Simpson	817	4	6 807	6 934	6 718	20 459
Espagne	Jack	Smith	100	4	1 828	1 862	1 804	5 494
Espagne	Joe	Tanner	400	4	2 833	2 886	2 796	8 516
Espagne	Peter	Graham	700	4	4 392	4 473	4 334	13 199

Nous allons d'abord déterminer les **ventes totales par pays** puis nous partirons de là pour ajouter les **ventes trimestrielles par pays** :

1. Ouvrez le classeur **FruitSales.xlsx** et sélectionnez **la plage de cellules `A1:I65`**.
2. Dans le bandeau, sélectionnez l'onglet `Insertion` puis `Tableau croisé dynamique`.

La boîte de dialogue de la figure 3.1 devrait apparaître :

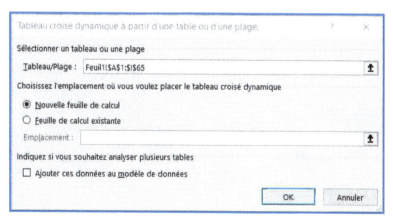

Fig. 3.1 : La boîte de dialogue `Tableau croisé dynamique à partir d'une table ou d'une plage`.

3. Assurez-vous que le bouton radio (rond) `Nouvelle feuille de calcul` est sélectionné.
4. Cliquez sur le bouton OK.

Une nouvelle feuille, `Feuil2`, sera créée avec un volet latéral semblable à celui de la figure 3.2 :

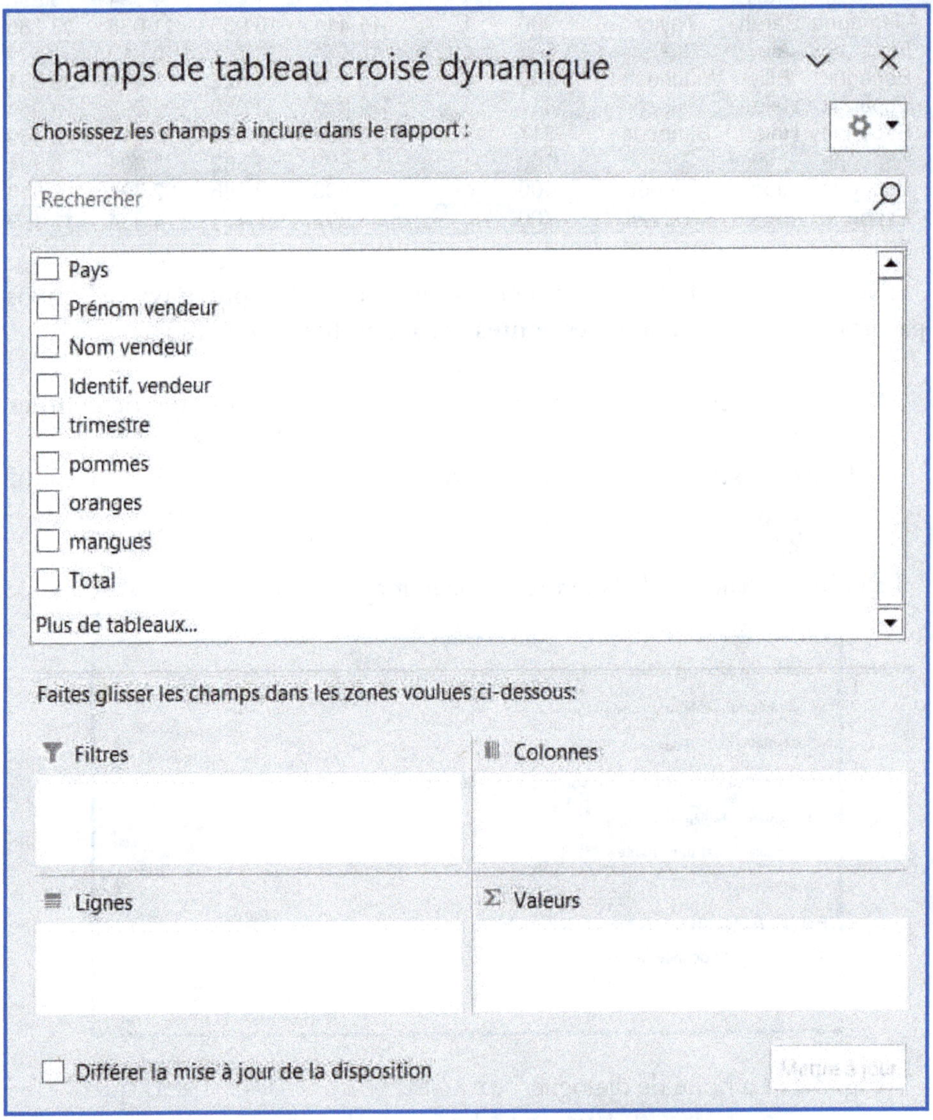

Fig. 3.2 : Les champs du tableau croisé dynamique créé

Ensuite, nous allons « catégoriser » notre rapport et sélectionner une valeur de calcul.

5. Dans la zone des champs du volet latéral, cliquez sur `Pays` ou faites glisser ce nom de champ dans la section `Lignes`.

6. Dans la même zone des champs, cochez la case `Total` (servez-vous au besoin de l'ascenseur latéral pour l'atteindre) ou faites glisser ce champ jusqu'à la section `valeurs`.

La figure 3.3 illustre les étapes 5 et 6 :

Champs de tableau croisé dynamique ⌄ ✕

Choisissez les champs à inclure dans le rapport : ⚙ ▾

Rechercher

☑ **Pays**
☐ Prénom vendeur
☐ Nom vendeur
☐ Identif. vendeur
☐ trimestre
☐ pommes
☐ oranges
☐ mangues
☑ **Total**

Plus de tableaux...

Faites glisser les champs dans les zones voulues ci-dessous:

▼ Filtres | ▥ Colonnes

▦ Lignes | Σ Valeurs

| Pays ▾ | Somme de Total ▾ |

☐ Différer la mise à jour de la disposition | Mettre à jour

Fig. 3.3 : Les champs `Pays` et `Total` du tableau croisé dynamique sélectionnés

La figure 3.4 ci-dessous devrait apparaître à la gauche de votre écran. Remarquez que le format d'affichage ne rend pas la lecture du tableau très facile.

| A3 | | | f_x | Étiquettes de lignes | |

	A	B
1		
2		
3	**Étiquettes de lignes**	**Somme de Total**
4	Allemagne	145587,9689
5	Espagne	196786,7115
6	France	138571,3795
7	**Total général**	**480946,0598**
8		

Fig. 3.4 : Le tableau croisé dynamique non formaté

7. Nous allons pouvoir changer les étiquettes de colonnes et le format des nombres, comme ceci :

   a. Sélectionnez la cellule **A3** et changez Étiquettes de lignes en Pays.

   b. Sélectionnez la cellule **B3** et changez Somme de Total en Total des ventes.

   c. Vous pouvez aussi mettre au format monétaire les cellules **B4 à B7**. Dans l'exemple ci-dessous, elles ont adopté le format euros sans décimales. Cela se fait simplement en sélectionnant les quatre cellules puis en faisant un clic droit sur la sélection. Ceci apparaîtra alors :

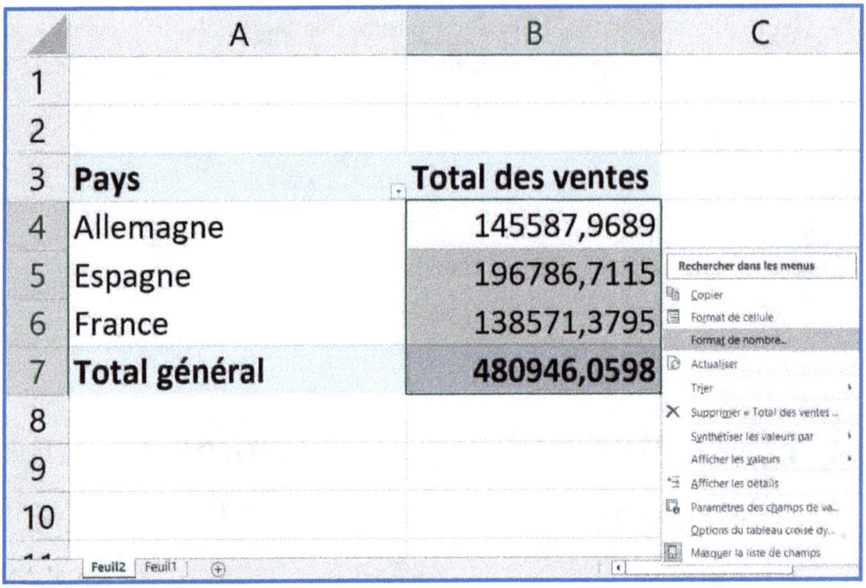

	A	B	C
1			
2			
3	**Pays**	**Total des ventes**	
4	Allemagne	145587,9689	
5	Espagne	196786,7115	
6	France	138571,3795	
7	**Total général**	**480946,0598**	
8			
9			
10			

Menu contextuel :
Rechercher dans les menus
Copier
Format de cellule
Format de nombre...
Actualiser
Trier
Supprimer « Total des ventes ...
Synthétiser les valeurs par
Afficher les valeurs
Afficher les détails
Paramètres des champs de va...
Options du tableau croisé dy...
Masquer la liste de champs

Feuil2 Feuil1 ⊕

Fig. 3.5 : Changement de format de cellule

Lorsqu'apparaît la boîte de dialogue Format de cellule de la figure 3.6, cliquez sur Monétaire.

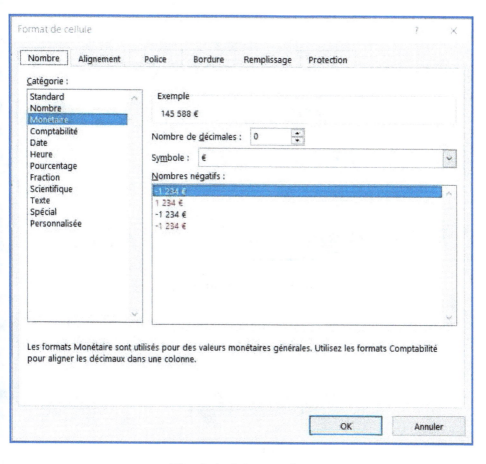

Fig. 3.6 : Sélection de €

Assurez-vous que « € » est bien affiché dans le champ `Symbole`, puis cliquez sur OK et vous devriez obtenir la figure 3.7, un rapport formaté :

	A	B
3	**Pays**	**Total des ventes**
4	Allemagne	145 588 €
5	Espagne	196 787 €
6	France	138 571 €
7	**Total général**	**480 946 €**

Fig. 3.7 : Le rapport formaté

Pour améliorer notre tableau croisé dynamique, nous allons y ajouter les colonnes de **trimestres**. Ce « niveau » ou cette dimension nous fournira bien des détails sur le total des ventes de fruits.

8. Depuis la zone des champs du volet latéral, faites **glisser** le champ `trimestre` dans la section `Colonnes`.

Note importante : Excel voit le champ `trimestre` comme un champ numérique, donc si vous cliquez dessus au lieu de le faire glisser dans la section `Colonnes`, Excel va réaliser un calcul. Si cela vous est arrivé, cliquez dans la section `Valeurs` sur `Somme de trimestre` pour faire apparaître le menu déroulant et sélectionnez l'option `Déplacer dans la zone Étiquettes de colonnes`.

Nous avons désormais les trimestres ajoutés à notre tableau.

9. Sélectionnez la cellule B3 et changez Étiquettes de colonnes en Par trimestres.
10. Puis remplacez les contenus des cellules **B4 à E4** en ajoutant le texte abrégé « Trim. » devant chaque numéro de trimestre.

La figure 3.8 vous montre le rapport formaté :

	A	B	C	D	E	F
3	**Total des ventes**	**Par trimestres**				
4	**Pays**	**Trim. 1**	**Trim. 2**	**Trim. 3**	**Trim. 4**	**Total général**
5	Allemagne	3 865 €	19 343 €	38 811 €	83 569 €	145 588 €
6	Espagne	2 646 €	23 586 €	42 590 €	127 964 €	196 787 €
7	France	11 359 €	19 352 €	34 097 €	73 763 €	138 571 €
8	**Total général**	**17 870 €**	**62 281 €**	**115 499 €**	**285 296 €**	**480 946 €**

Fig. 3.8 : Le rapport avec les trimestres mieux présentés

Comment analyser les données d'un tableau croisé dynamique

Avant de continuer avec notre exemple de tableau croisé dynamique, disons que vous voulez pousser vos investigations plus loin et trouver pourquoi les résultats français du premier trimestre sont beaucoup plus élevés que ceux des deux autres pays.

Avec les tableaux croisés dynamiques, vous pouvez **faire un double-clic sur n'importe quelle valeur calculée pour voir le détail de cette cellule**, ou encore faire un **clic droit** sur celle-ci et sélectionner Afficher les détails (fig. 3.9). Cela créera une nouvelle feuille de calcul contenant un tableau avec les détails de la valeur calculée.

1. Faites un clic droit en **B7** et sélectionnez Afficher les détails.

	A	B	C	D	E	F
3	**Total des ventes**	**Par trimestres**				
4	**Pays**	**Trim. 1**	**Trim. 2**	**Trim. 3**	**Trim. 4**	**Total général**
5	Allemagne	3 865 €	19 343 €	38 811 €	83 569 €	145 588 €
6	Espagne	2 646 €	23 586 €	42 590 €	127 964 €	196 787 €
7	France	11 359 €	19 352 €	34 097 €	73 763 €	138 571 €
8	**Total général**	**17 870 €**		499 €	285 296 €	**480 946 €**
9						
10						
11						
12						
13						
14						
15						

Fig. 3.9 : Clic droit pour examiner les résultats français du premier trimestre.

La figure 3.10 vous montre la nouvelle feuille de calcul avec le tableau contenant les détails de la valeur calculée **B5**.

	A	B	C	D	E	F	G	H	I
1	Pays	Prénom vendeur	Nom vendeur	Identif. vendeur	trimestre	pommes	oranges	mangues	Total
2	France	Bob	Taylor	1174	1	1810	2039	1771	5620
3	France	Helen	Smith	833	1	102,3	354,2	59,4	515,9
4	France	Jill	Johnson	200	1	93	322	54	469
5	France	Sally	Morton	500	1	595	824	556	1975
6	France	Sam	Becker	800	1	863	1092	824	2779

Fig. 3.10 : Les détails de la cellule calculée B5

Comme vous le voyez sur cette figure, c'est **Bob Taylor** qui a vendu le plus de fruits et c'est grâce à lui que les ventes françaises du premier trimestre sont supérieures à celles des deux autres pays.

2. Pour supprimer le tableau, faites un clic droit sur l'onglet de feuille `Feuil3` et sélectionnez `Supprimer`.

Ajouter des lignes (catégories) à un tableau croisé dynamique

Partant de notre tableau croisé dynamique, nous allons poursuivre notre analyse en ajoutant les ventes de chaque type de fruit.

1. Faites glisser le champ `trimestre` de la section `Colonnes` à la section `Lignes`.
2. Faites glisser les champs `pommes`, `oranges` et `mangues` dans la section `Valeurs` en les plaçant **au-dessus** de `Total des ventes`.

Votre tableau croisé devrait ressembler à la figure 3.11 ci-dessous :

	A	B	C	D	E
3	**Pays**	**Somme de pommes**	**Somme de oranges**	**Somme de mangues**	**Total des ventes**
4	⊟ **Allemagne**	**50 626 €**	**47 117 €**	**47 845 €**	**145 588 €**
5	Trim. 1	1 587 €	1 087 €	1 190 €	3 865 €
6	Trim. 2	6 891 €	6 149 €	6 303 €	19 343 €
7	Trim. 3	13 583 €	12 502 €	12 726 €	38 811 €
8	Trim. 4	28 564 €	27 380 €	27 625 €	83 569 €
9	⊟ **Espagne**	**69 750 €**	**65 259 €**	**61 778 €**	**196 787 €**
10	Trim. 1	856 €	1 119 €	671 €	2 646 €
11	Trim. 2	7 819 €	8 253 €	7 513 €	23 586 €
12	Trim. 3	15 335 €	14 074 €	13 182 €	42 590 €
13	Trim. 4	45 739 €	41 813 €	40 411 €	127 964 €
14	⊟ **France**	**43 481 €**	**53 278 €**	**41 812 €**	**138 571 €**
15	Trim. 1	3 463 €	4 631 €	3 264 €	11 359 €
16	Trim. 2	5 992 €	7 652 €	5 709 €	19 352 €
17	Trim. 3	10 634 €	13 280 €	10 183 €	34 097 €
18	Trim. 4	23 392 €	27 715 €	22 656 €	73 763 €
19	**Total général**	**163 857 €**	**165 655 €**	**151 435 €**	**480 946 €**

Fig. 3.11 : Notre tableau croisé dynamique avec les fruits

Comment générer un graphique à partir d'un tableau croisé dynamique

Dans cette partie, nous apprendrons à créer et à formater un graphique[9] de tableau croisé dynamique. Voici les étapes à suivre :

1. Dans le volet latéral, **dé**sélectionnez le champ `Total` comme montré figure 3.12.

---

[9] NdT : Soit en VBA :

```
'sélection des barres du graphique en bâtons :

ActiveChart.PlotArea.Select

'sélection de la zone à gauche des barres :

ActiveChart.Axes(xlCategory).Select

'déplacement du graphique vers la droite :

ActiveSheet.Shapes("Graphique 3").IncrementLeft 235.1

'déplacement du graphique vers le haut :

ActiveSheet.Shapes("Graphique 3").IncrementTop -100.5

'redimensionnement du graphique :

ActiveSheet.Shapes("Graphique 3").ScaleWidth 0.7, msoFalse, _

msoScaleFromTopLeft
```

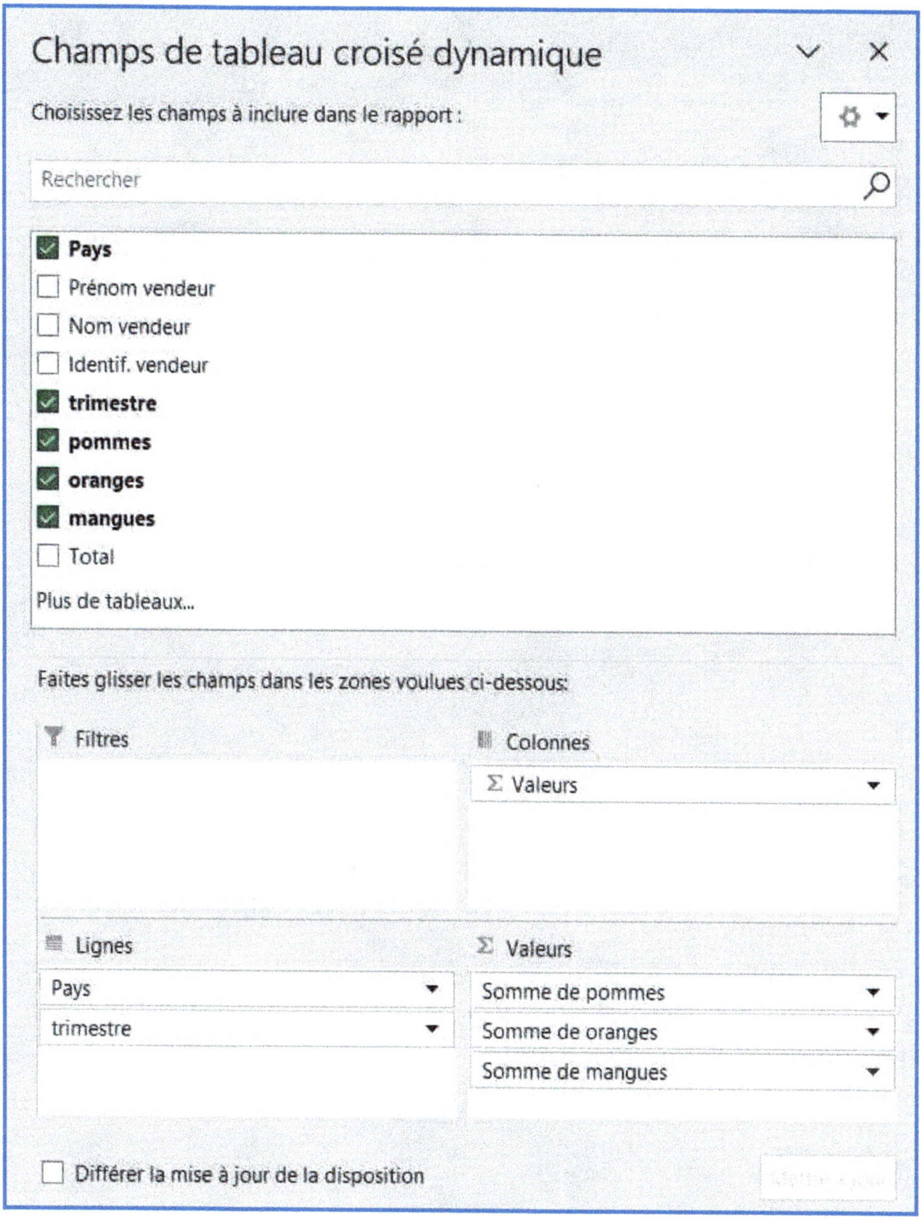

Champs de tableau croisé dynamique   ∨   ✕

Choisissez les champs à inclure dans le rapport :   ⚙ ▾

Rechercher   🔍

- ☑ **Pays**
- ☐ Prénom vendeur
- ☐ Nom vendeur
- ☐ Identif. vendeur
- ☑ **trimestre**
- ☑ **pommes**
- ☑ **oranges**
- ☑ **mangues**
- ☐ Total

Plus de tableaux...

Faites glisser les champs dans les zones voulues ci-dessous:

▼ Filtres

▥ Colonnes

Σ Valeurs	▾

▤ Lignes

Pays	▾
trimestre	▾

Σ Valeurs

Somme de pommes	▾
Somme de oranges	▾
Somme de mangues	▾

☐ Différer la mise à jour de la disposition   Mettre à jour

Fig. 3.12 : Le champ `Total` désélectionné

2. Sélectionnez l'onglet `Analyse du tableau croisé dynamique` puis `Graphique croisé dynamique` :

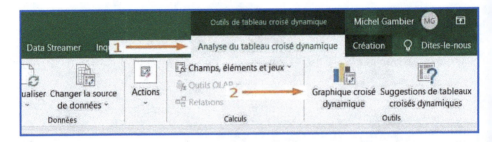

Fig. 3.13 : Sélection de l'outil Graphique croisé dynamique

Note importante : Si vous ne voyez pas l'onglet Analyse du tableau croisé dynamique, **cliquez sur n'importe quelle cellule du tableau croisé dynamique**, car cet onglet n'apparaît que lorsqu'un champ du tableau est sélectionné.

La boîte de dialogue de la figure 3.14 devrait apparaître :

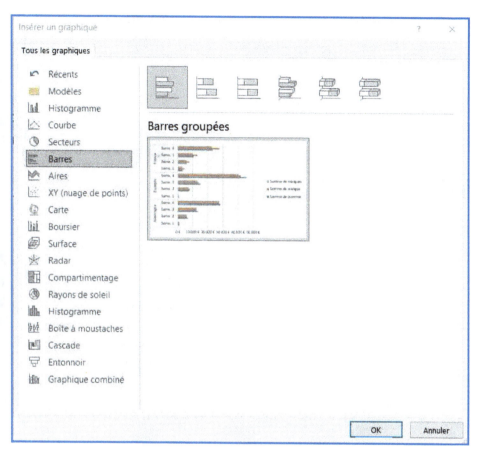

Fig. 3.14 : Sélection d'un diagramme en bâtons

3. Sélectionnez l'option `Barres`.
4. Cliquez sur le bouton OK.

Le graphique de la figure 3.15 devrait maintenant s'afficher :

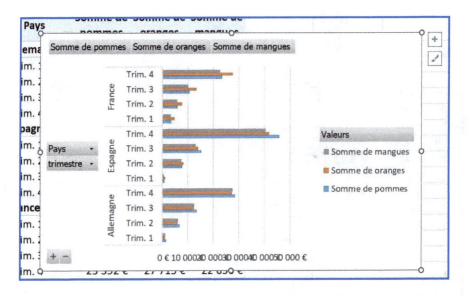

Fig. 3.15 : Affichage du nouveau diagramme en bâtons.

5. Faites glisser le graphique en dessous du tableau croisé et agrandissez-le en largeur à l'aide de la poignée latéral pour mieux voir les euros (fig. 3.16) :

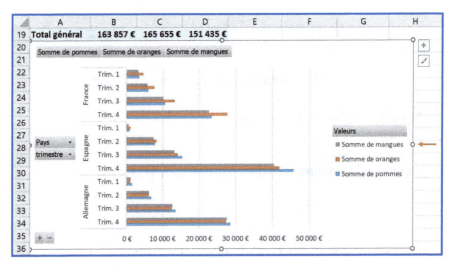

Fig. 3.16 : Le graphique glissé en dessous du tableau croisé

6. Dans le menu `Outils de graphique croisé dynamique`, sélectionnez l'onglet `Création` puis le `Style 7` (fig. 3.17) :

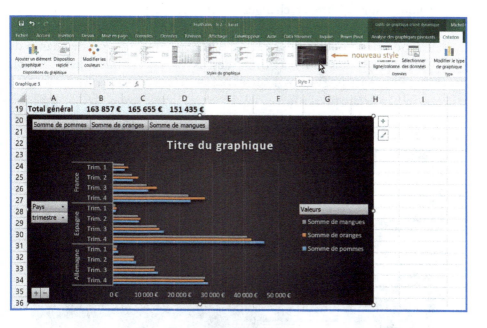

Fig. 3.17 : Notre graphique avec un nouveau style

7. Si le titre du graphique n'est pas affiché, vous pouvez le faire apparaître en cliquant sur le signe + en haut à droite du graphique puis en cochant la case Titre du graphique dans les Éléments de graphique (fig. 3.18).

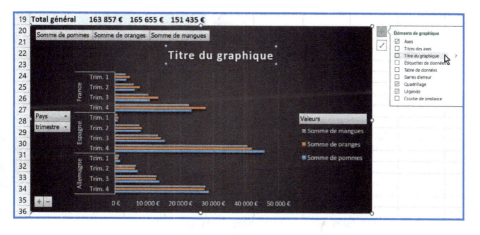

Fig. 3.18 : Sélection de Titre du graphique

8. Cliquez sur le titre et changez-le en Ventes de fruits par pays et trimestres 2017.[10]
9. **Étape optionnelle :** Pour cacher n'importe quel bouton de champ du graphique, faites un clic droit dessus et sélectionnez par exemple l'option Masquer les boutons de champ de valeur sur le graphique[11].

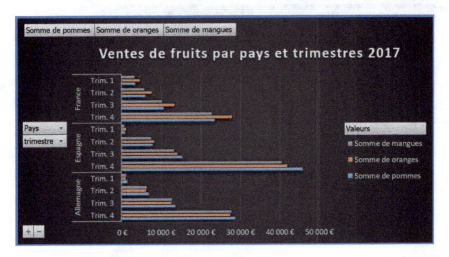

Fig. 3.19 : Le graphique final de tableau croisé dynamique

---

[10] NdT : Soit en VBA :

```
ActiveChart.ChartTitle.Text = "Ventes de fruits par pays et trimestres 2017"
```

[11] NdT : Et pour les faire réapparaître, allez dans Outils de graphique croisé dynamique, puis Analyse des graphiques pivotants, où vous trouverez à l'extrême droite Boutons de champ.

Chapitre 4 : les segments et le filtrage avancé

Le menu `Analyse du tableau croisé dynamique` propose un ensemble d'outils supplémentaires de « découpage » ou « **segmentation** » (*slicers*[12] en anglais) permettant de sélectionner certains éléments. Ces outils sont en quelque sorte des **filtres graphiques,** idéaux pour les analystes ou les clients qui aiment examiner les données sous différents angles. Le filtrage a toujours été une composante des tableaux croisés mais l'introduction des **segments ou contrôleurs chronologiques** fut une amélioration bienvenue étant donné qu'elle permet à l'utilisateur d'assembler rapidement des **dates séparées** en mois, trimestres ou années. Il y a deux types de segments :

---

[12] NdT : Ce terme anglais, que l'on pourrait traduire par découpeur, a été traduit dans Excel 2019 par **segment**, mais ce sont plutôt des sélectionneurs rapides de valeurs de champ, dont le gros avantage est qu'ils mettent instantanément à jour le tableau croisé dynamique **et** le graphique associé :

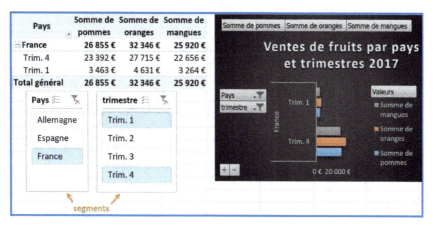

1. Les **segments chronologiques** disponibles depuis la version **2013** d'**Excel®**.

2. Les **segments de champs** disponibles depuis la version **2010**.

Exercice pratique nº 1

Lançons-nous cette fois-ci dans un grand projet-exemple pour mettre cela en pratique. Supposons que vous êtes un analyste financier conseillant une entreprise internationale de fabrication de pièces d'avion. On vous a demandé d'assister à une réunion improvisée de présentation des ventes devant les directeurs de chaque pays. Le jour et l'heure ne sont pas encore arrêtés mais on vous a demandé de préparer les données des ventes des douze derniers mois et de vous tenir prêt à répondre à toute question. Vu que vous ne savez ce que vous demanderont les directeurs, vous décidez de créer un rapport sous la forme d'un tableau croisé dynamique avec des segments pour les catégories et les dates.

Pour ce projet, nous nous servirons du classeur **AirplaneParts.xlsx** se trouvant dans le répertoire d'exercices que vous avez téléchargé à la section **Comment utiliser ce livre**.

La figure 4.0 vous montre une partie de ce classeur (tronqué pour éviter qu'il ne s'étende sur plusieurs pages).

	A	B	C	D	E	F
1	RÉGION	NOM	CATÉGORIE	PIÈCES	DATE de Fin de mois	QTÉ
2	France	Graham, Peter	STRUCTURE	Pressure Bulkheads	31 janvier 2017	8
3	France	Graham, Peter	STRUCTURE	Keel Beam	31 janvier 2017	11
4	France	Graham, Peter	STRUCTURE	Fuselage Panels	31 janvier 2017	13
5	France	Graham, Peter	CARBURANT	Boost Pumps	31 janvier 2017	9
6	France	Graham, Peter	CARBURANT	Transfer Valves	31 janvier 2017	5
7	France	Graham, Peter	CARBURANT	Fuel S.O.V.	31 janvier 2017	6
8	France	Graham, Peter	CARBURANT	Digital Fuel Flow System	31 janvier 2017	7
9	France	Graham, Peter	CARBURANT	Fuel Quantity Indicator	31 janvier 2017	12
10	France	Graham, Peter	CARBURANT	Fuel Flow Indicating	31 janvier 2017	7
11	France	Graham, Peter	CARBURANT	Fuel Pressure Indicating	31 janvier 2017	4
12	France	Graham, Peter	CARBURANT	Fuel Pump	31 janvier 2017	10
13	France	Graham, Peter	CARBURANT	Engine Lubrication System	31 janvier 2017	6
14	France	Graham, Peter	CARBURANT	Fuel Dump Fuel Hose	31 janvier 2017	9
15	France	Graham, Peter	ALIMENTATION	Lithium Battery	31 janvier 2017	4
16	France	Graham, Peter	ALIMENTATION	AC Generator-Alternator	31 janvier 2017	9
17	France	Graham, Peter	ALIMENTATION	Alternator/Generator Drive System	31 janvier 2017	4
18	France	Graham, Peter	ALIMENTATION	Fire Detection	31 janvier 2017	8
19	France	Graham, Peter	ALIMENTATION	Fire Protection	31 janvier 2017	13
20	France	Graham, Peter	ALIMENTATION	Overheat Detection	31 janvier 2017	4

Fig. 4.0 : Le classeur AirplaneParts

La segmentation chronologique

Essayez de créer le tableau croisé dynamique par vous-même à l'aide des illustrations des étapes une à quatre. Si nécessaire, **révisez les chapitres**

précédents, surtout le **troisième**. Les premières étapes sont les mêmes que celles suivies dans le dernier chapitre :

1. Ouvrez le classeur **AirplaneParts.xlsx** et sélectionnez la plage de cellules `A1:F3889` (c'est-à-dire toutes les cellules occupées, de **A1** à **F3889**).

Note importante : Il est aisé de sélectionner toutes les cellules d'un coup **en cliquant d'abord sur n'importe quelle cellule** du tableau puis en tapant `Ctrl+A` au clavier.

2. Dans le menu `Insertion`, cliquez sur `Tableau croisé dynamique`.
3. Assurez-vous que le bouton `Nouvelle feuille de calcul` est sélectionné.
4. Cliquez sur OK.

Un nouveau tableau sera généré tandis qu'**à droite** devrait apparaître un volet intitulé `Champs de tableau croisé dynamique`.

5. Sélectionnez ou cliquez sur les champs suivants :

   a. RÉGION (La section `Lignes` se remplira automatiquement),
   b. CATÉGORIE (La section `Lignes` se remplira automatiquement),
   c. QTÉ (La section `Valeurs` se remplira automatiquement).

Étiquettes de lignes	Somme de QTÉ
⊟ Allemagne	9592
AILES	3276
ALIMENTATION	2897
CARBURANT	2698
STRUCTURE	721
⊟ Espagne	9312
AILES	3072
ALIMENTATION	2809
CARBURANT	2538
STRUCTURE	893
⊟ France	9768
AILES	3324
ALIMENTATION	2881
CARBURANT	2842
STRUCTURE	721
Total général	28672

Fig. 4.1 : La feuille avec le tableau croisé dynamique des pièces

Pour qu'un segment chronologique fonctionne, toutes les données de ce champ doivent être **au format date**. Avec ce projet, quand nous allons cliquer sur le champ DATE de Fin de mois[13], avec **Excel 2016**, ce

---

[13] NdT : Ou date de fin d'exercice (comptable) pour le mois en cours, autrement dit le

dernier génèrera des champs temporels optionnels, Trimestres et Années.

6. Cochez le champ DATE de Fin de mois et vous constaterez qu'**Excel® 2016** a créé ces deux champs (fig. 4.2).

*** Section destinée uniquement aux utilisateurs d'**Excel 2013** ***

Si c'est votre cas, vous avez à passer par plusieurs étapes supplémentaires. Sélectionnez la cellule **A6**, faites un clic droit et sélectionnez dans le menu déroulant « Grouper... ».

Dans la boîte de dialogue qui apparaît, sélectionnez, en maintenant la touche **Ctrl** enfoncée, Mois, Trimestres et Années, puis cliquez sur le bouton OK.

*** Fin de la section destinée uniquement aux utilisateurs d'**Excel 2013** ***

---

dernier délai pour rendre des — ses — comptes à son patron.

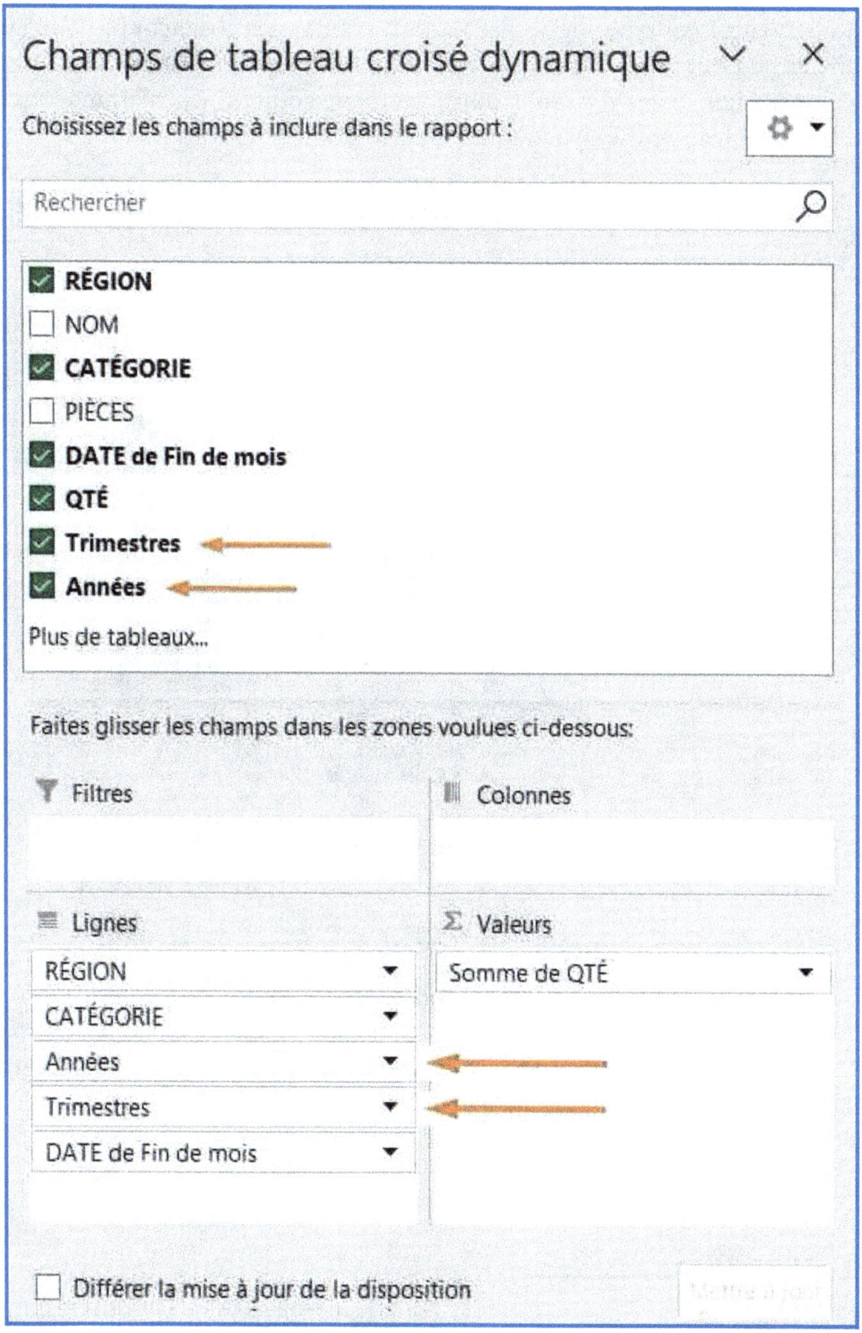

Fig. 4.2 : Les champs Trimestres et Années ont été créés

Cependant, ce type de présentation n'aide pas beaucoup. L'analyste financier ne pourra pas s'en servir pour répondre rapidement à tout un tas de questions. Mais avant d'ajouter notre segment additionnel, réarrangeons un peu notre tableau croisé dynamique pour qu'il soit plus convivial.

7. Désélectionnez les champs `Années` et `Trimestres`,

8. faites glisser le champ `Date de Fin de mois` dans la section `Colonnes`[14].

Note : Le champ `DATE de Fin de mois` s'affiche maintenant sous forme de mois.

	A	B		C	D	E	F	G	H	I	J	K	L	M	N
1															
2															
3	Somme de QTÉ	Étiquettes de colonnes													
4	Étiquettes de lignes	janv		févr	mars	avr	mai	juin	juil	août	sept	oct	nov	déc	Total général
5	⊟AILES		928	604	803	876	604	803	876	803	876	604	1019	876	9672
6	Allemagne		312	204	279	291	204	279	291	279	291	204	351	291	3276
7	Espagne		322	214	261	248	214	261	248	261	248	214	333	248	3072
8	France		294	186	263	337	186	263	337	263	337	186	335	337	3324
9	⊟ALIMENTATION		802	505	754	764	505	754	764	754	764	505	952	764	8587
10	Allemagne		273	174	251	258	174	251	258	251	258	174	317	258	2897
11	Espagne		259	160	225	276	160	225	276	225	276	160	291	276	2809
12	France		270	171	278	230	171	278	230	278	230	171	344	230	2881
13	⊟CARBURANT		744	474	723	710	474	723	710	723	710	474	903	710	8078
14	Allemagne		254	164	237	236	164	237	236	237	236	164	297	236	2698
15	Espagne		242	152	219	226	152	219	226	219	226	152	279	226	2538
16	France		248	158	267	248	158	267	248	267	248	158	327	248	2842
17	⊟STRUCTURE		251	170	189	190	170	189	190	193	190	170	243	190	2335
18	Allemagne		81	54	54	61	54	54	61	54	61	54	72	61	721
19	Espagne		89	62	78	72	62	78	72	78	72	62	96	72	893
20	France		81	54	57	57	54	57	57	61	57	54	75	57	721
21	Total général		2725	1753	2469	2540	1753	2469	2540	2473	2540	1753	3117	2540	28672

Fig. 4.3 : DATE de Fin de mois s'affiche sous forme de mois

9. Insérez six lignes vierges au-dessus de la ligne 3 par un clic droit en début de colonne puis cliquez sur `Insérer`[15] (fig. 4.4) :

---

[14] NdT : Faites si nécessaire glisser dans la section Lignes le champ CATÉGORIE pour qu'il soit au-dessus du champ RÉGION.

[15] NdT : En sélectionnant plusieurs lignes, l'option `Insérer` du menu déroulant insérera le même nombre de lignes.

Étiquettes de lignes	janv	févr	mars	avr	mai	juin	juil	août	sept	oct	nov	déc	Total général
Somme de QTÉ	Étiquettes de colonnes												
⊟ AILES	928	604	803	876	604	803	876	803	876	604	1019	876	9672
Allemagne	312	204	279	291	204	279	291	279	291	204	351	291	3276
Espagne	322	214	261	248	214	261	248	261	248	214	333	248	3072
France	294	186	263	337	186	263	337	263	337	186	335	337	3324
⊟ ALIMENTATION	802	505	754	764	505	754	764	754	764	505	952	764	8587
Allemagne	273	174	251	258	174	251	258	251	258	174	317	258	2897

Fig. 4.4 : Six lignes vierges ont été insérées au-dessus du tableau

10. Après avoir sélectionné une cellule du tableau, cliquez sur le menu Analyse du tableau croisé dynamique puis sur Insérer une chronologie.

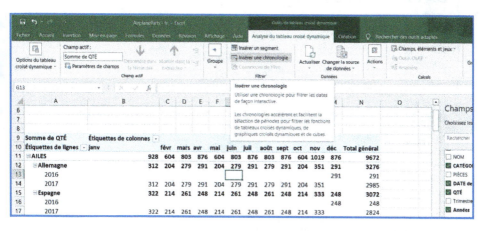

Fig. 4.5 : menu Analyse, sélection d'Insérer une chronologie

La fenêtre de la figure 4.6 apparaîtra alors.

11. Sélectionnez DATE de Fin de mois.
12. Cliquez sur OK.

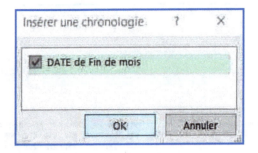

Fig. 4.6 : La case à cocher du champ DATE de Fin de mois de la fenêtre générée par Insérer une chronologie

13. La fenêtre de chronologie suivante devrait maintenant apparaître. Faites-la glisser jusqu'aux environs de la cellule A1 pour qu'elle soit au-dessus du tableau (sur les huit lignes vierges).

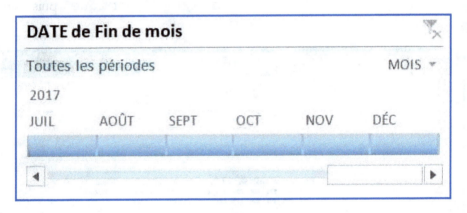

Fig. 4.7 : Apparition d'une fenêtre de chronologie

Vous pouvez vous déplacer latéralement, à gauche comme à droite, ainsi que cliquer sur chaque bouton de mois pour voir le tableau croisé dynamique au-dessous s'adapter instantanément (les totaux changent). Vous pourriez par exemple cliquer sur le mois d'**avril 2017** pour voir l'adaptation du tableau comme ceci :

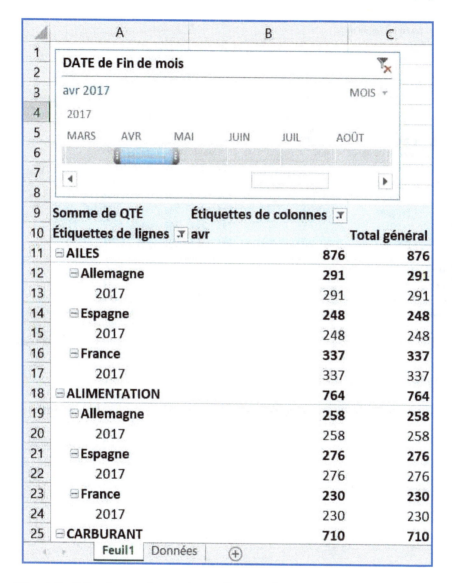

	A	B	C
1	**DATE de Fin de mois**		⍒ᵡ
2			
3	avr 2017		MOIS ▾
4	2017		
5	MARS AVR MAI JUIN JUIL AOÛT		
6			
7	◄		►
8			
9	**Somme de QTÉ**	**Étiquettes de colonnes** ⍒	
10	**Étiquettes de lignes** ⍒	avr	**Total général**
11	⊟**AILES**	**876**	**876**
12	⊟**Allemagne**	**291**	**291**
13	2017	291	291
14	⊟**Espagne**	**248**	**248**
15	2017	248	248
16	⊟**France**	**337**	**337**
17	2017	337	337
18	⊟**ALIMENTATION**	**764**	**764**
19	⊟**Allemagne**	**258**	**258**
20	2017	258	258
21	⊟**Espagne**	**276**	**276**
22	2017	276	276
23	⊟**France**	**230**	**230**
24	2017	230	230
25	⊟**CARBURANT**	**710**	**710**

Feuil1 Données ⊕

Fig. 4.8 : Sélectionner les mois en cliquant dans la fenêtre de découpage chronologique

14. Passez du mode d'affichage des mois à celui des trimestres en cliquant sur « MOIS ▼ » en haut à droite. Pour supprimer tous les filtres chronologiques, cliquez sur la petite croix rouge en haut à droite :

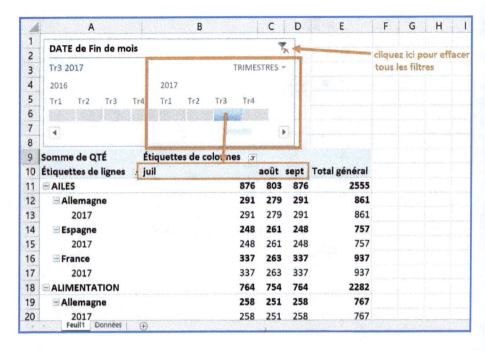

Fig. 4.9 : passage d'un affichage par mois à un affichage par trimestres

Les segments

Nous allons poursuivre cette mise en pratique en étudiant les segments.

1. Une des cellules du tableau croisé dynamique étant sélectionnée, dans le menu `Outils de tableau croisé dynamique`, sélectionnez l'onglet `Analyse du tableau croisé dynamique` puis `Insérer un segment` :

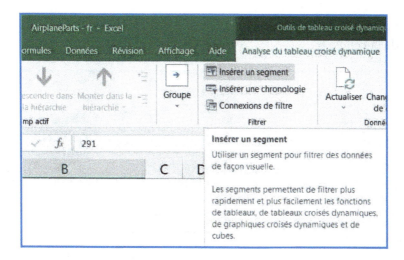

Fig. 4.10 : L'insertion d'un segment via le menu Analyse du tableau croisé dynamique

Apparaîtra alors la petite fenêtre de la figure 4.11.

2. Cochez la case CATÉGORIE.
3. Cliquez sur le bouton OK.

Fig. 4.11 : Fenêtre d'invite pour l'insertion de segments

4. Le segment suivant devrait maintenant apparaître. Faites-le glisser près de la cellule **H1**.

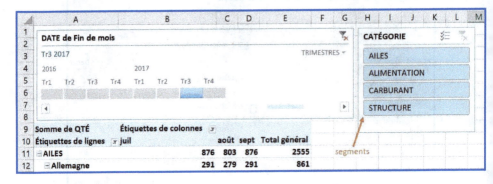

Fig. 4.12 : Création d'un segment glissé vers **H1**

Si vous étiez analyste financier, vous seriez maintenant capable de répondre à toutes sortes de questions, en quelques clics, et sans avoir à re-trier ni ajouter ou supprimer des formules manuellement. Voici quelques exemples :

— Quel est le total des ventes de la catégorie CARBURANT en **février 2017** ?

— À combien se montent les ventes **combinées** des seules catégories STRUCTURE et AILES ?

— Fournissez-moi les ventes de la catégorie ALIMENTATION pour le **quatrième trimestre**.

Informations supplémentaires

C'est bien beau d'avoir à notre disposition les Mois, les Trimestres et les Années — ces deux derniers champs ayant été ajoutés automatiquement à notre tableau croisé dynamique — mais il se peut que parfois vous ayez besoin que les **dates elles-mêmes** apparaissent dans votre tableau. Pour les afficher dans notre tableau actuel, sélectionnez une cellule du tableau croisé dynamique et suivez ces étapes :

1. Dans le volet latéral, désélectionnez les champs RÉGION et CATÉGORIE.

2. Faites glisser DATE de Fin de mois de la section Colonnes à la section Lignes.
3. Dans le tableau croisé dynamique, faites un **clic droit** sur n'importe quel mois.
4. Dans le menu contextuel, sélectionnez « Dissocier... » :

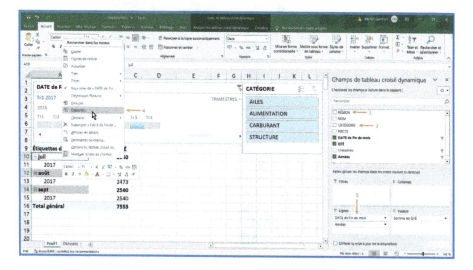

Fig. 4.13 : Inclure les dates dans un rapport

Les dates elles-mêmes devraient maintenant apparaître :

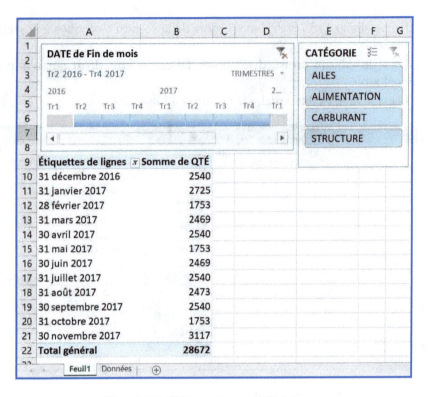

Fig. 4.14 : Un rapport avec les dates

Pour changer l'affichage du nom d'un segment :

1. Sélectionnez le segment.
2. Avec un segment proprement dit, dans le menu `Outils Segment` sélectionnez l'onglet `Segment` et entrez le nouveau nom dans le champ « `Légende du segment :` ». Avec un segment chronologique, dans le menu `Outils Chronologie`, sélectionnez l'onglet `Chronologie` et tapez le nom voulu dans le champ « `Légende de la chronologie :` » :

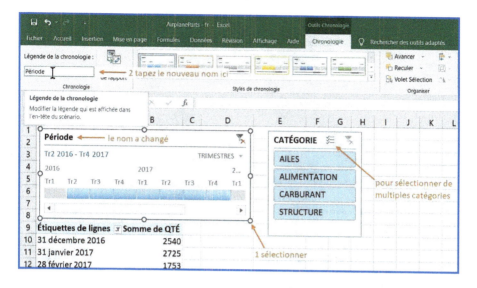

Fig. 4.15 : Le nom affiché a changé

Et pour changer la couleur d'affichage d'un segment :

1. Sélectionnez le segment.
2. Si c'est un segment proprement dit, dans le menu Outils Segment, avec l'onglet Segment, sélectionnez un des Styles de segments. Si c'est un segment chronologique, dans Outils Chronologie puis Chronologie, cliquez sur l'un des Styles de chronologie :

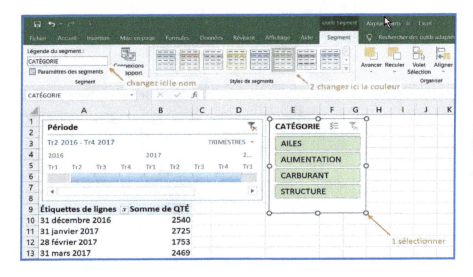

Fig. 4.16 : Changement de la couleur d'affichage

Filtrage avancé

Lors de la première partie de notre exercice pratique, nous avons vu comment utiliser les segments pour un **filtrage rapide**. Dans cette section, nous allons examiner différemment notre tableau croisé dynamique. Nous verrons comment user **d'autres fonctionnalités liées à notre tableau** qui nous permettront d'étendre notre analyse en **spécifiant des conditions**.

Supposons donc qu'avec notre classeur **AirplaneParts**, nous voulions savoir :

1. Les **dix** pièces d'avion **les plus vendues** par catégorie ?
2. Les **dix** pièces d'avion **les moins vendues** par catégorie ?
3. Les **dix** pièces d'avion **les plus vendues** par trimestre ?
4. Quelles sont les pièces dont nous avons vendu moins de 800 exemplaires ?

Si les capacités de formatage conditionnel d'Excel vous sont familières, vous ne serez pas dépaysé avec celles des tableaux croisés dynamiques. Alors engageons-nous dans cette voie et voyons comment cette fonctionnalité peut nous servir. Nous suivrons les mêmes étapes que précédemment. Repassons donc par les étapes une à quatre :

1. Dé-zippez **une copie** de notre répertoire d'exercices. Ouvrez le classeur **AirplaneParts.xlsx** avec Excel et sélectionnez la plage `A1:F3889`.

2. Dans le bandeau, sélectionnez `Insertion` puis `Tableau croisé dynamique`.

3. Vérifiez que le bouton radio `Nouvelle feuille de calcul` est bien sélectionné et cliquez sur OK.

Une nouvelle feuille sera générée avec le volet latéral `Champs de tableau croisé dynamique` à droite.

4. Sélectionnez les champs suivants :
   a. PIÈCES (la section `Lignes` se remplit automatiquement).
   b. CATÉGORIE (idem).
   c. QTÉ (idem pour la section `Valeurs`).

5. Ouvrez le menu déroulant indiqué par la petite flèche au bout de la cellule `Étiquettes de lignes` (A3).

6. Sélectionnez dans ce menu :
   a. `Filtres s'appliquant aux valeurs`,
   b. puis « `10 premiers...` ».

Les étapes 5 à 7 vous sont détaillées en figure 4.17 :

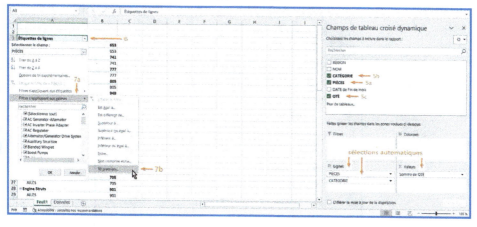

Fig. 4.17 : Sélection d'un filtre s'appliquant aux valeurs avec l'option « 10 premiers... »

7. La boîte d'invite de la figure 4.18 apparaîtra. Remarquez au passage que vous pouvez tout aussi bien choisir un autre nombre — tel que cinq par exemple — ainsi que `Bas` au lieu de `Haut`. Finalement, cliquez sur le bouton OK.

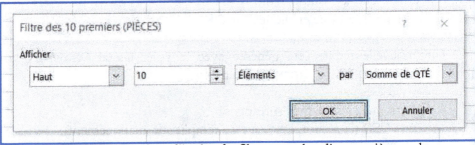

Fig. 4.18 : Fenêtre d'invite du filtre pour les dix premières valeurs

	A	B	C
3	**Étiquettes de lignes** ⬛	**Somme de QTÉ**	
4	**Auxilliary Structure**	**949**	1
5	AILES	949	
6	**Boost Pumps**	**841**	2
7	CARBURANT	841	
8	**Digital Fuel Flow System**	**841**	3
9	CARBURANT	841	
10	**Engine Lubrication System**	**849**	4
11	CARBURANT	849	
12	**Engine Struts**	**901**	5
13	AILES	901	
14	**Fire Detection**	**837**	6
15	ALIMENTATION	837	
16	**Fire Protection**	**1065**	7
17	ALIMENTATION	1065	
18	**Fuel Dump Fuel Hose**	**881**	8
19	CARBURANT	881	
20	**Keel Beam**	**857**	9
21	STRUCTURE	857	
22	**Wing Webs**	**849**	10
23	AILES	849	
24	**Total général**	**8870**	

Fig. 4.19 : Résultat d'un filtrage des dix premières valeurs

Et pour finir, puisque nous voulons savoir quelles sont les pièces pour lesquelles plus de huit cents exemplaires ont été vendus, nous allons refaire ce que montre la figure 4.17 ci-dessus mais en sélectionnant Supérieur à... à l'étape 2 comme ceci :

1. Ouvrez le menu déroulant de la cellule Étiquettes de lignes.
2. Sélectionnez dans ce menu Filtres s'appliquant aux valeurs, puis « Supérieur à... ».
3. Quand la boîte d'invite suivante apparaît, entrez **800** dans le champ de saisie après le menu déroulant où est affiché est supérieur à.
4. Cliquez sur OK :

Fig. 4.20 : Fenêtre d'invite d'un filtrage par valeurs supérieures à 800

Le résultat vous est montré à la figure 4.21 ci-dessous — tronquée par manque de place.

	A	B
1		
2		
3	**Étiquettes de lignes** 🔽	**Somme de QTÉ**
4	⊟ **Alternator/Generator Drive System**	**805**
5	ALIMENTATION	805
6	⊟ **Auxilliary Structure**	**949**
7	AILES	949
8	⊟ **Boost Pumps**	**841**
9	CARBURANT	841
10	⊟ **Bulkheads**	**801**
11	AILES	801
12	⊟ **Digital Fuel Flow System**	**841**
13	CARBURANT	841
14	⊟ **Engine Lubrication System**	**849**
15	CARBURANT	849
16	⊟ **Engine Struts**	**901**
17	AILES	901
18	⊟ **Fire Detection**	**837**
19	ALIMENTATION	837
20	⊟ **Fire Protection**	**1065**
21	ALIMENTATION	1065
22	⊟ **Fuel Dump Fuel Hose**	**881**
23	CARBURANT	881
24	⊟ **Fuel Pressure Indicating**	**817**
25	CARBURANT	817
26	⊟ **Fuel S.O.V.**	**821**
27	CARBURANT	821
28	⊟ **Keel Beam**	**857**
29	STRUCTURE	857

Feuil1   Données   ⊕

Fig. 4.21 : Résultat d'un filtrage « quantité supérieure à huit cents »

Pour retirer un filtre, suivez ces étapes (semblables à celles ci-dessus) :

1. Ouvrez le menu déroulant d'Étiquettes de lignes...
2. ...et sélectionnez Effacer le filtre de.[16]

---

[16] NdT : Soit en bon VBA :

```
ActiveSheet.PivotTables("Tableau croisé dynamique0").PivotFields( _
"PIÈCES").ClearAllFilters
```

Chapitre 5 : les calculs avec un tableau croisé dynamique

Les champs calculés

Comme démontré dans les chapitres précédents, les tableaux croisés dynamiques sont livrés avec de nombreux outils d'analyse intégrés. Toutefois, le type de travail que vous exercez peut exiger de vous des types de calculs encore plus complexes ou techniques que ceux permis par l'ensemble d'outils standards tels que les options des champs de valeurs. C'est à ce moment que la possibilité d'insérer vos propres champs calculés devient particulièrement utile.

Disons par exemple que vous êtes chargé de la comparaison entre les ventes prévues et les ventes effectives d'un certain nombre de points de vente. En outre, vous voulez aussi déterminer si tel magasin a droit à un bonus et, si c'est le cas, quel est le montant à lui verser.

Vous devez réaliser ce genre d'analyse de façon régulière et vous êtes dans un domaine où, **d'un mois sur l'autre, certains magasins ferment tandis que d'autres ouvrent**.

Vous devez pouvoir rendre compte de :

1. L'écart plus ou moins grand entre les ventes mensuelles effectives, en euros, et celles projetées.
2. L'écart plus ou moins grand des ventes mensuelles effectives, par rapport à celles projetées, en pourcentage.
3. Du fait qu'un magasin ait droit ou non à un bonus si ses ventes effectives sont supérieures de 1,5 % à celles prévues…
4. …et si c'est le cas, le montant, en euros, attribué à chaque point de vente s'élève à 2 % des ventes effectives de ce dernier.

Exercice pratique n° 2

Nous nous servirons du classeur intitulé **StoresSales.xlsx** situé dans le répertoire que vous avez téléchargé à la section **Comment utiliser ce livre** pour réaliser nos analyses, pas à pas.

Vous trouverez ci-dessous la feuille de calcul des données de ce classeur.

	A	B	C	D	E	F	G	H	I	J
1	Lieu	Mois	Ventes prévues	Ventes effectuées		Données pour l'ajout de nouveaux points de vente				
2	Avignon	Jan	406	414		Avignon	Avr	432	450	
3	Barcelone	Jan	332	329		Barcelone	Avr	338	329	
4	Cordoue	Jan	496	526		Cordoue	Avr	509	526	
5	Dortmund	Jan	152	156		Dortmund	Avr	155	150	
6	Évreux	Jan	178	173		Francfort	Avr	191	170	
7	Avignon	Fév	415	427		Gap	Avr	181	170	
8	Barcelone	Fév	346	342						
9	Cordoue	Fév	551	595						
10	Dortmund	Fév	175	184						
11	Évreux	Fév	173	183						
12	Avignon	Mar	424	416						
13	Barcelone	Mar	360	363						
14	Cordoue	Mar	612	648						
15	Dortmund	Mar	202	207						
16	Évreux	Mar	168	163						

Fig. 5.0 : Le classeur StoresSales.xlsx

Ajouter un champ calculé simple

Tout comme vous avez dû le faire au chapitre précédent, vous allez d'abord créer un tableau croisé dynamique basique en suivant les étapes une à quatre ci-dessous :

1. Ouvrez le classeur StoreSales.xlsx et sélectionnez les **colonnes A à D**.
2. Dans le menu Insertion, cliquez sur Tableau croisé dynamique.
3. Sélectionnez Nouvelle feuille de calcul grâce au bouton radio.
4. Cliquez sur le bouton OK.

Une nouvelle feuille de calcul sera créée et un volet latéral Champs de tableau croisé dynamique devrait apparaître **à droite**.

5. Sélectionnez les champs suivants :

   a. Lieu (la section Colonnes est automatiquement remplie),
   b. Mois (idem pour la section Lignes),
   c. Ventes prévues et Ventes effectuées (idem pour la section Valeurs).

d. Faites glisser le champ `Σ Valeurs` dans la section `Lignes` en vous assurant qu'il atterrit bien **sous le champ** `Mois`, comme indiqué en figure 5.1 :

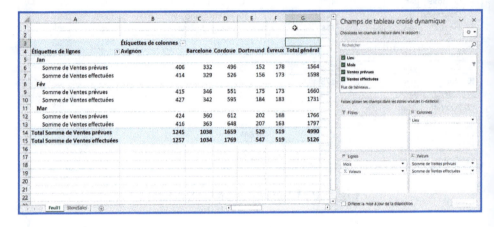

Fig. 5.1 : Le tableau croisé dynamique mis à jour

6. Changez le texte de la case `A4` en `Mois`...
7. ...puis celui de la case `B3` en `Lieux`.
8. Cliquez sur `Somme de Ventes prévues` dans la section `Valeurs` et sélectionnez « `Paramètres des champs de valeurs...` » comme vous le montre la figure 5.2 :

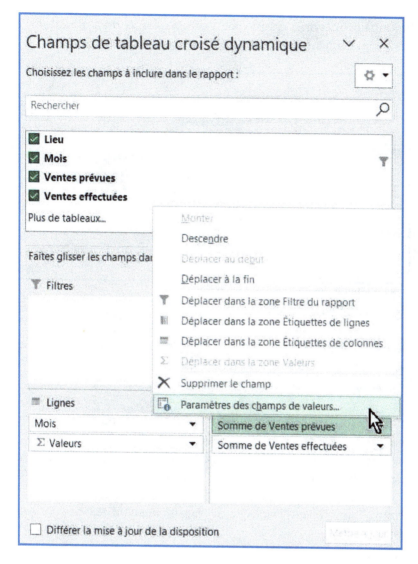

Fig. 5.2 : Sélection de « `Paramètres des champs de valeurs...` »
parmi les champs du tableau croisé dynamique

a. Dans la boîte de dialogue `Paramètres des champs de valeurs`, changez le `Nom personnalisé` en « **Ventes prév.** ».

b. Cliquez sur `Format de nombre` pour ouvrir la boîte de dialogue `Format de cellule` puis sur `Monétaire` où vous choisirez la monnaie de votre choix (par exemple les euros). Refermez chaque boîte en cliquant sur OK et vous devriez obtenir la figure 5.3 :

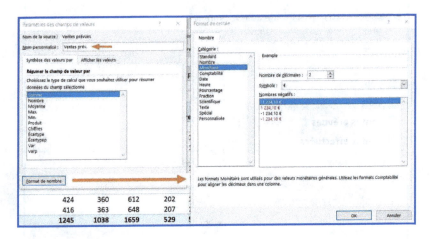

Fig. 5.3 : Le changement du Nom personnalisé et de la devise

9. Répétez l'étape **8** en cliquant sur Somme de Ventes effectuées, dans la section Valeurs, puis sur « Paramètres des champs de valeurs... »...

a. ...où vous transformerez le Nom personnalisé en «Ventes effect. »...

b. ...et changerez de devise par la même occasion avant de refermer les deux boîtes en cliquant sur OK à chaque fois.

Votre tableau croisé dynamique devrait maintenant ressembler à celui de la figure 5.4 :

	A	B	C	D	E	F	G
3		Lieux					
4	Mois	Avignon	Barcelone	Cordoue	Dortmund	Évreux	Total général
5	Jan						
6	Ventes prév.	406 €	332 €	496 €	152 €	178 €	1 564 €
7	Ventes effect.	414 €	329 €	526 €	156 €	173 €	1 598 €
8	Fév						
9	Ventes prév.	415 €	346 €	551 €	175 €	173 €	1 660 €
10	Ventes effect.	427 €	342 €	595 €	184 €	183 €	1 731 €
11	Mar						
12	Ventes prév.	424 €	360 €	612 €	202 €	168 €	1 766 €
13	Ventes effect.	416 €	363 €	648 €	207 €	163 €	1 797 €
14	Total Ventes prév.	1 245 €	1 038 €	1 659 €	529 €	519 €	4 990 €
15	Total Ventes effect.	1 257 €	1 034 €	1 769 €	547 €	519 €	5 126 €

Fig. 5.4 : Notre tableau croisé dynamique mis à jour

Maintenant, pour ajouter notre premier champ calculé qui nous donnera l'écart plus ou moins grand en euros entre les ventes prévues et celles effectuées :

10. Sélectionnez le menu `Analyse du tableau croisé dynamique`.
11. Cliquez sur `Champs, éléments et jeux`. Voir fig. 5.5.
12. Sélectionnez « `Champ calculé…` ».

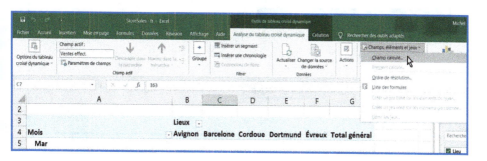

Fig. 5.5 : Sélection de « `Champ calculé…` »

Une boîte de dialogue ressemblant à celle de la figure 5.6 apparaîtra.

13. Dans le champ de saisie « Nom : », entrez « **Euros -/+ prév opp. à effect** ».
14. Dans le champ de saisie « Formule : », effacez le zéro (**0**) en laissant le signe égal (**=**).
15. Sélectionnez Ventes effectuées dans la liste de Champs et cliquez sur le bouton Insérer un champ.
16. Ajouter le symbole moins (**-**) à votre champ « Formule : » après Ventes effectuées.
17. Sélectionnez Ventes prévues dans la liste de Champs et cliquez sur le bouton Insérer un champ.

La formule suivante devrait maintenant se trouver dans le champ « Formule : » :
= 'Ventes effectuées'-'Ventes prévues'.

18. Cliquez sur OK.

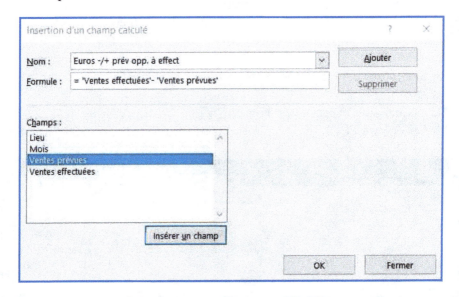

Fig. 5.6 : Boîte de dialogue de champ calculé

La figure 5.7 vous montre notre tableau croisé dynamique dont l'affichage a été mis à jour en conséquence :

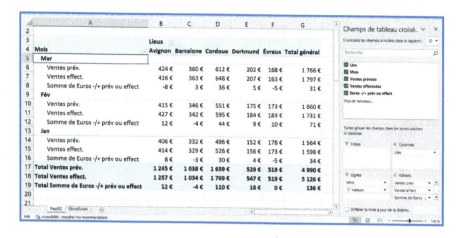

Fig. 5.7 : Les résultats du tableau mis à jour

Ensuite, nous allons ajouter un champ calculé pour **l'écart des ventes en pourcentage entre celles prévues et celles effectuées**. Les étapes à suivre sont similaires à celles que vous venez d'accomplir[17].

19. Répétez les précédentes étapes dix à douze.
20. Dans le champ « Nom : », entrez « Pour cent -/+ prév opp. à effect ».
21. Dans le champ « Formule : », effacez le zéro (**0**) en laissant le signe égal (**=**).
22. Insérez à ce moment toute la formule suivante : « ('Ventes effectuées'-'Ventes prévues')/'Ventes prévues' ».
23. Cliquez sur le bouton OK.

La figure 5.8 ci-dessous vous montre ce que cela donne :

---

17 NdT : Avant de poursuivre, il pourrait être utile de cliquer dans le volet latéral, section Σ Valeurs, sur Somme de Euros -/+ prév opp. à effect puis sur Supprimer le champ.

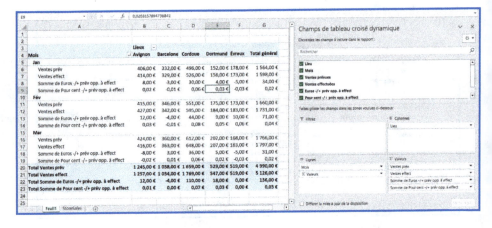

Fig. 5.8 : Le tableau croisé dynamique a été mis à jour

Formatons maintenant notre rapport pour accroître sa lisibilité en parcourant les étapes une à quatorze ci-dessous. Elles sont similaires à d'autres que vous avez déjà accomplies. Si, à un moment donné, vous vous rendez compte que vous en avez déjà accompli une, n'hésitez pas à la sauter.

1. Dans le volet latéral `Champs de tableau croisé dynamique`, dans la section `Valeurs`, cliquez sur `Somme de Euros -/+ prév opp. à effect` (utilisez l'ascenseur latéral si nécessaire pour faire apparaître ce champ).
2. Dans le menu qui apparaît, cliquez sur « `Paramètres des champs de valeurs…` ».
3. Changez le `Nom personnalisé` en « `€ -/+ prév opp. à effect` ».
4. Cliquez sur OK.
5. Ensuite, au même endroit du volet latéral, cliquez sur « `Somme de Pour cent -/+ prév opp. à effect` ».
6. Puis sélectionnez « `Paramètres des champs de valeurs…` ».
7. Changez le `Nom personnalisé` en : « `% -/+ prév opp. à effect` ».
8. Cliquez sur `Format de nombre` et modifiez le format en pourcentage avec une décimale (à l'aide des flèches ou en tapant simplement **1** dans le champ `Nombre de décimales`).
9. Cliquez sur les boutons OK de chaque boîte de dialogue.

10. Dans le tableau croisé dynamique, cliquez sur le triangle ou l'entonnoir en bout de la cellule Mois (**A4**) pour faire apparaître le menu déroulant dans lequel vous choisirez `Filtres s'appliquant aux étiquettes` puis `Est différent de`.

11. Une petite boîte de dialogue intitulée `Filtre s'appliquant aux étiquettes (Mois)` apparaîtra alors (Fig. 5.9). Entrez alors **(vide)** dans le champ de saisie. Cette méthode vous assurera que, lors d'un rafraîchissement de vos données, aucune ligne ou colonne vide n'apparaîtra, tandis que nos nouveaux lieux, eux, s'afficheront. Cliquez sur OK.

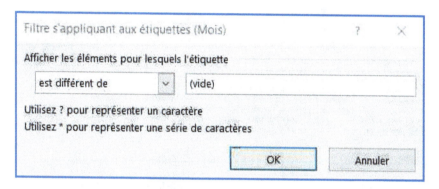

Fig. 5.9 : Remplissage de la boîte de dialogue du filtre d'étiquette (Mois)

12. Dans le bandeau `Outils de tableau croisé dynamique`, sélectionnez l'onglet `Création`.

13. Sélectionnez alors l'un des `Styles de tableau croisé dynamique` à votre convenance.

14. Cochez la case `Colonnes à bandes` (figure 5.10).

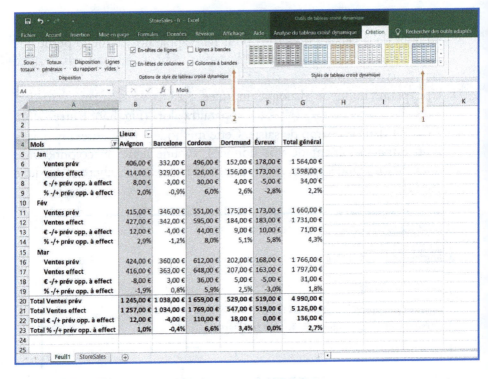

Fig. 5.10 : Sélection du style de tableau et de `Colonnes à bandes`

Examinons maintenant comment notre tableau évolue à mesure que nous **ajoutons** ou **ôtons** des lieux.

1. Revenez à la feuille des données **StoreSales** en cliquant dessus.
2. Copiez les cellules `F2:I7` et collez-les (`Ctrl+V`) en `A17` (fig. 5.11).

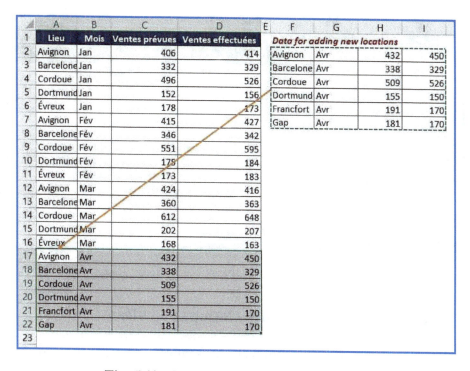

	A	B	C	D	E	F	G	H	I
1	Lieu	Mois	Ventes prévues	Ventes effectuées		*Data for adding new locations*			
2	Avignon	Jan	406	414		Avignon	Avr	432	450
3	Barcelone	Jan	332	329		Barcelone	Avr	338	329
4	Cordoue	Jan	496	526		Cordoue	Avr	509	526
5	Dortmund	Jan	152	156		Dortmund	Avr	155	150
6	Évreux	Jan	178	173		Francfort	Avr	191	170
7	Avignon	Fév	415	427		Gap	Avr	181	170
8	Barcelone	Fév	346	342					
9	Cordoue	Fév	551	595					
10	Dortmund	Fév	175	184					
11	Évreux	Fév	173	183					
12	Avignon	Mar	424	416					
13	Barcelone	Mar	360	363					
14	Cordoue	Mar	612	648					
15	Dortmund	Mar	202	207					
16	Évreux	Mar	168	163					
17	Avignon	Avr	432	450					
18	Barcelone	Avr	338	329					
19	Cordoue	Avr	509	526					
20	Dortmund	Avr	155	150					
21	Francfort	Avr	191	170					
22	Gap	Avr	181	170					
23									

Fig. 5.11 : Copie des cellules F2:I7 en A17

3. Revenez au tableau croisé dynamique en sélectionnant la feuille Feuil1, puis, dans le menu Outils de tableau croisé dynamique, sélectionnez l'onglet Analyse du tableau croisé dynamique.

4. Cliquez sur le chapeau chinois inversé sous Actualiser puis sur Actualiser tout (fig. 5.12).

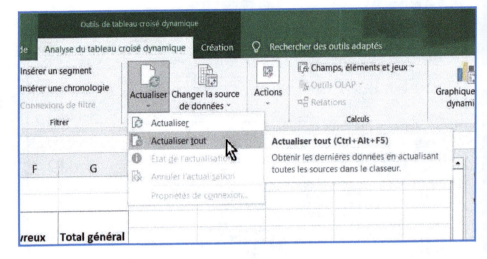

Fig. 5.12 : Sélection d'`Actualiser tout`

Supprimer ou changer des champs calculés

Pour ce faire, suivez ces simples étapes (semblables à celles par lesquelles vous êtes déjà passé) :

1. Dans le menu `Outils de tableau croisé dynamique`, sélectionnez l'onglet `Analyse du tableau croisé dynamique`.
2. Cliquez sur `Champs, éléments et jeux...`
3. ...puis sur « `Champ calculé...` ».

La boîte de dialogue `Insertion d'un champ calculé` de la fig. 5.13 apparaîtra.

4. Sélectionnez le champ calculé que vous voulez modifier ou supprimer grâce à la liste déroulante du champ « `Nom :` ».
5. Cliquez sur le bouton approprié, `Modifier` ou `Supprimer`.

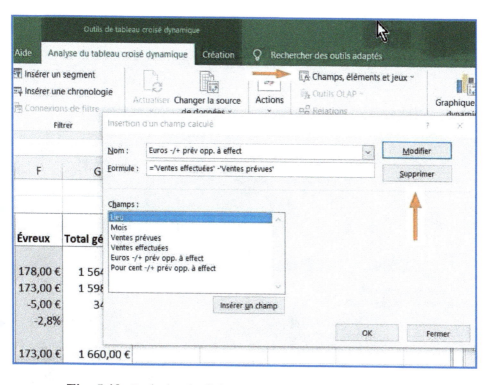

Fig. 5.13 : La boîte de dialogue `Insertion d'un champ calculé`

Insérer des fonctions logiques (si… alors)

Il va nous falloir ajouter deux champs calculés supplémentaires pour pouvoir répondre aux questions suivantes :

— Est-ce que tel magasin a droit à un bonus, si ses ventes effectives sont de 1,5 % supérieures aux prévisions ?
— Si c'est le cas, quel est le montant, en euros, dû à ce point de vente, sachant que celui-ci s'élève à 2 % de ses ventes effectives ?

Les deux champs calculés dont nous avons besoin sont :

1. Le **montant par point de vente éligible** correspondant à un dépassement de 1,5 % des ventes prévues.
2. Le **montant du bonus** dû en euros, s'il est éligible, autrement dit 2 % des ventes effectuées par ce magasin.

Formule `Montant_Lieu_Éligible` :
```
='Ventes prévues'+('Ventes prévues'*0,015)
```

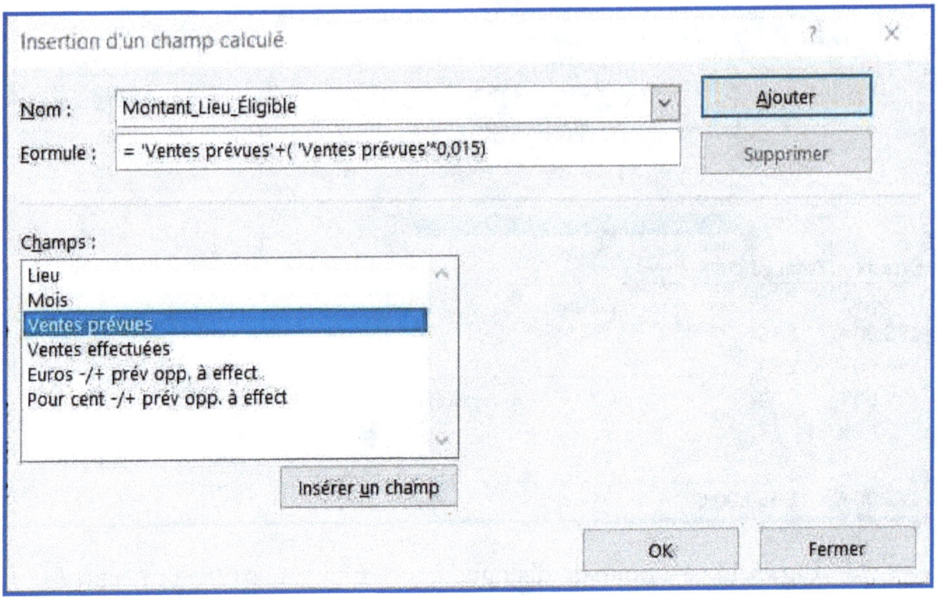

Fig. 5.14 : Champ calculé pour `Montant_Lieu_Éligible`

Formule pour `Récompense_Bonus` :
```
= Si( 'Ventes effectuées' > 'Montant_Lieu_Éligible';
( 'Ventes effectuées' * 0,02 ) ; 0)
```

Chapitre 6 : mettre en forme les tableaux croisés dynamiques

Dans ce chapitre, nous étudierons comment nous servir des outils puissants qu'Excel 2016 met à notre disposition pour peaufiner nos tableaux. De tels peaufinages vont du formatage esthétique au changement des calculs sous-jacents à notre tableau croisé dynamique. Vous avez sans doute remarqué que nous nous sommes déjà servis de certains de ces outils dans le chapitre précédent.

Même si ces tableaux sont une façon extrêmement rapide de synthétiser des données, leurs paramétrages par défaut ne sont parfois pas exactement ce qu'il nous faut. Dans de tels cas, de nombreux paramétrages puissants nous permettront de retoucher nos tableaux.

Avec Excel 2016, les outils de customisation des tableaux croisés dynamiques se trouvent dans une foule d'endroits tels que l'onglet `Analyse du tableau croisé dynamique`, l'onglet `Création`, le paramétrage des champs, la boîte de dialogue de paramétrage des champs de données, celle des `Options du tableau croisé dynamique`, ainsi que plusieurs menus contextuels.

Voici quelques domaines où l'on peut customiser un tableau croisé dynamique :

— La qualité générale de la présentation grâce aux **styles** de tableau croisé dynamique permettant un formatage très rapide de n'importe quel tableau croisé.

— La présentation fine telle que l'affichage de **zéros** dans les cellules vides, le changement de **format de nombre** et le **renommage** d'un champ. Essayer de corriger tous ces défauts dans chaque tableau croisé que vous réalisez peut être très fastidieux.

— Les changements de présentation tels que la comparaison de trois agencements différents, l'affichage ou non des totaux et des sous-totaux ainsi que la répétition des étiquettes de ligne.

— Les calculs sommaires tels que le passage de **Somme** à **Nombre**, **Min**, **Max** et d'autres. Dans un tableau croisé dynamique où par défaut les revenus sont **dénombrés**, vous pouvez remplacer ça par une **somme des revenus**.

— La réalisation de calculs savants grâce au paramétrage permettant d'afficher les données sous forme de total cumulé. Cela s'applique aussi aux pourcentages de total, rang, pourcentage du total du parent, et beaucoup d'autres.

— Certaines des customisations ont déjà été réalisées lors de l'exercice pratique n° 2 du chapitre cinq. Quelques autres seront débattues ci-dessous.

Réaliser des changements majeurs d'apparence

Tout tableau croisé dynamique a besoin d'être un peu ajusté pour le rendre plus facile à comprendre et à interpréter.

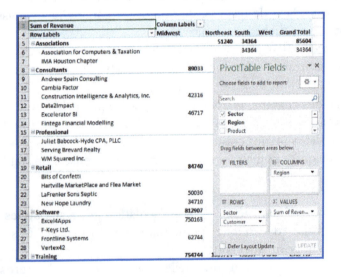

Fig. 6.0 : Un tableau croisé dynamique typique

Se servir des styles pour ajouter un quadrillage à un tableau

La présentation par défaut du tableau de la figure 6.0 est sans quadrillage. C'est trop basique. Fort heureusement, on peut y appliquer un style. Choisissez le style de tableau croisé que vous préférez.

Pour ce faire, suivez ces étapes :

1. Assurez-vous qu'une case du tableau croisé dynamique est sélectionnée.

2. Dans le ruban, sélectionnez l'onglet `Création`. Sur le bord droit de la zone `Styles de tableau croisé dynamique`, trois flèches n'attendent que vous.
3. Cliquez sur celle du bas pour déployer la galerie complète de styles, comme le montre la fig. 6.1 :

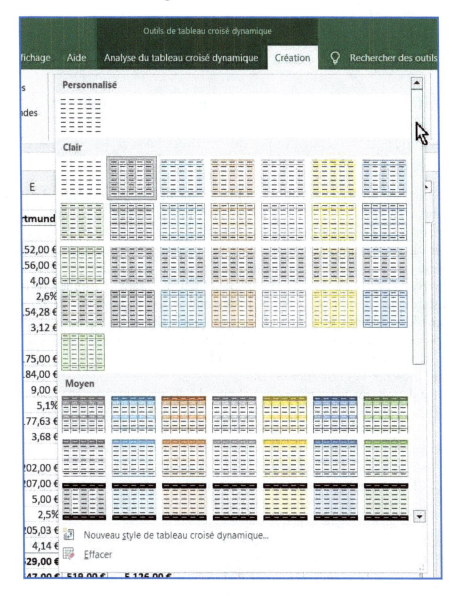

Fig. 6.1 : Aperçu des styles de tableau croisé dynamique

4. Dans cette galerie déroulante, choisissez n'importe quel autre style que le premier. Ceux tout en bas ont tendance à être mieux formatés.
5. Cochez la case Lignes à bandes à gauche des styles. Cela ajoute de fines lignes horizontales ainsi que des bandes grisées ou colorées toutes les deux lignes.

Le style pour lequel vous optez grâce à la galerie importe peu. Il y a quatre-vingt-quatre autres styles, tous meilleurs que celui par défaut.

Effectuer des modifications mineures de formatage

Ajouter des séparateurs de milliers avec les formats de nombre

Si vous avez déjà formaté vos données initiales, vous vous attendez sans doute à ce que votre tableau croisé dynamique inclue une partie de ce formatage. Malheureusement, ce n'est pas le cas. Même si vous formatez les cases de vos données initiales avec un format numérique particulier, le tableau croisé présentera ses valeurs dans le format standard.

Servons-nous de la figure 6.0 pour illustrer cela. Comme vous le constatez, les nombres contiennent des milliers et des dizaines de milliers. Normalement, vous vous attendriez à ce qu'il y ait un séparateur de milliers et probablement pas de décimales. Même si les données initiales ont un format numérique, le formatage standard par défaut avec lequel un tableau croisé présente vos nombres est laid.

Il y a trois manières d'ouvrir la boîte de dialogue Paramètres des champs de valeurs :

1. Faites un clic droit sur un nombre de la zone de valeurs du tableau et sélectionnez Paramètres des champs de valeurs.
2. Cliquez sur l'un des champs disponibles dans la section Σ Valeurs du volet latéral puis sur Paramètres des champs de valeurs... dans le menu contextuel.
3. Sélectionnez l'une des cellules de la zone des valeurs du tableau. Cliquez sur l'onglet Analyse du tableau croisé dynamique puis sur Paramètres de champs sous « Champ actif : ».

Comme vous pouvez le voir à la figure 6.2, la boîte de dialogue Paramètres des champs de valeurs s'affiche. Pour changer de format, cliquez sur le bouton Format de nombre en bas à gauche.

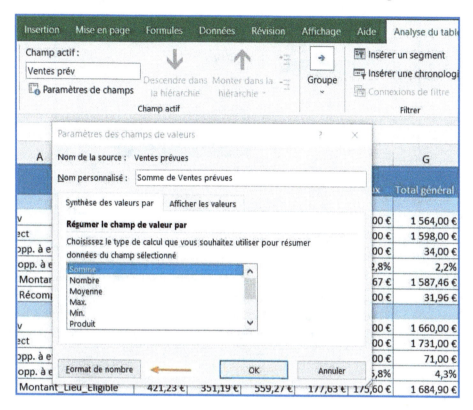

Fig. 6.2 : La boîte de dialogue Paramètres des champs de valeurs

Arrivé à la boîte de dialogue Format de cellule de la figure 6.3, sélectionnez l'un des formats numériques ou choisissez-en un avec Personnalisée. Vous pourriez opter pour Monétaire, comme le montre la figure 6.3.

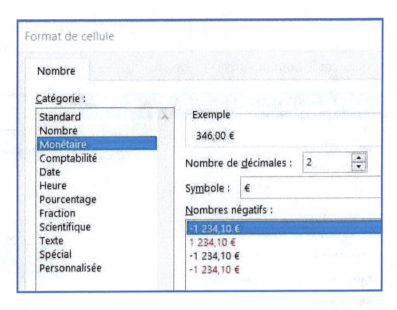

Fig. 6.3 : La boîte de dialogue `Format de cellule`

Remarquez bien qu'Excel 2016 vous montre habituellement instantanément l'affichage que votre valeur prendra suivant le format. Cependant, la boîte de dialogue `Format de cellule` n'offre pas une telle prévisualisation à cet instant. Pour voir les changements, vous devrez assigner un format de nombre, puis fermer les deux boîtes.

Chapitre 7 : se servir du langage VBA pour créer des tableaux croisés dynamiques

Introduction à VBA

Microsoft Excel introduisit un puissant **langage de macros** appelé *Visual Basic for Applications* (VBA). Toutes les versions d'Excel produites depuis 1993 possèdent une copie du puissant langage VBA caché derrière les feuilles de calcul. VBA vous permet de réaliser rapidement et sans erreur les tâches que vous accompliriez ordinairement avec Excel. J'ai vu un programme en VBA transformer une tâche qui prenait des jours chaque mois en un simple clic sur un bouton et une minute de temps de traitement.

Pourquoi se servir de VBA pour vos tableaux croisés dynamiques ?

Imaginez que vous puissiez être en plusieurs lieux en même temps, avec plusieurs clients différents, pour les aider avec leurs tableaux croisés dynamiques. Supposez que vous puissiez aider plusieurs clients à rafraîchir leurs données, à extraire les vingt meilleurs enregistrements, à les grouper par mois ou à les trier par revenus. En fait, tout cela est possible en utilisant simplement les macros d'Excel.

Une **macro** est une série de manipulations faites avec le clavier et la souris qui sont enregistrées. Une fois l'enregistrement de la macro terminé, vous pouvez la relancer à loisir. Autrement dit, vous pouvez enregistrer vos actions dans une macro, sauvegarder la macro puis permettre à vos clients de ré-exécuter vos actions d'un simple clic sur un bouton. Comme si vous étiez là à leurs côtés ! Cette fonctionnalité est particulièrement utile quand vous distribuez des rapports sous forme de tableaux croisés dynamiques.

Supposons par exemple que vous vouliez donner à vos clients la possibilité de regrouper leurs tableaux croisés par mois, trimestres ou années. Bien que le processus de regroupement, techniquement, puisse être réalisé par n'importe qui, certains de vos clients n'ont peut-être aucune idée de la façon de le faire. Dans ce cas, vous pouvez enregistrer une macro pour regrouper par mois, une autre par trimestre et une troisième par année. Ensuite, vous n'aurez qu'à ajouter trois boutons, un pour chaque macro. Au final, si vos clients ne connaissent rien aux tableaux croisés dynamiques, ils n'auront qu'à cliquer sur un bouton pour regrouper leurs rapports.

En vous servant de macros avec des tableaux croisés dynamiques, vous donnerez à vos clients la capacité d'exécuter des actions sur ces tableaux qu'ils ne seraient pas capables de faire d'ordinaire, leur accordant ainsi la possibilité d'analyser les données que vous leur fournissez plus efficacement.

Enregistrer votre première macro VBA

Regardez le tableau croisé dynamique de la figure 7.0. Vous savez que vous pouvez le rafraîchir (comme tout autre tableau croisé que vous avez réalisé au cours des chapitres) par un clic droit sur l'une des cases du tableau puis par un clic sur `Actualiser`[18]. Or, si vous aviez enregistré vos actions dans une macro pendant cette manipulation, vous, ou n'importe qui d'autre, pourriez ré-exécuter cette manipulation et rafraîchir le tableau croisé en exécutant cette macro.

---

[18] NdT: Pour ceux qui auront envie de creuser le sujet VBA, je vous mettrai en note la macro équivalente à l'action indiquée (les caractères « _ » indiquent que la ligne de code se poursuit sur la ligne suivante, comme si la ligne se terminait par « `dynamique3").PivotCache.Refresh` »):

```
Sub Actualiser_TCD()

    ActiveSheet.PivotTables("Tableau croisé dynamique3"). _

        PivotCache.Refresh

End Sub
```

	A	B
1	Region	(All)
2		
3	**Row Labels**	**Sum of Sales_Amount**
4	ACASCO Corp.	$675
5	ACECUL Corp.	$593
6	ACEHUA Corp.	$580
7	ACOPUL Corp.	$675
8	ACORAR Corp.	$2,232
9	ACSBUR Corp.	$720
10	ADACEC Corp.	$345
11	ADADUL Corp.	$690
12	ADANAS Corp.	$345
13	ADCOMP Corp.	$553
14	ADDATI Corp.	$379
15	ADDOUS Corp.	$5,209

Fig. 7.0 : Un exemple de tableau croisé dynamique

Première étape de l'enregistrement d'une macro : ouvrir la boîte de dialogue `Enregistrer une macro`. Cliquez sur l'onglet `Développeur` dans le ruban puis sur `Enregistrer une macro`[19].

Astuce importante : Vous ne trouvez pas l'onglet `Développeur` dans votre ruban ? Cliquez sur l'onglet `Fichier` du ruban puis sur `Options`. Cela ouvre la boîte de dialogue `Options Excel` grâce à laquelle vous pouvez `Personnaliser le ruban` en cliquant dessus. Dans la liste défilante de droite, cochez la case `Développeur`. Cela fera apparaître ce nouvel onglet[20].

> `Nom de la macro` : Saisissez un nom parlant pour votre macro, décrivant ce qu'elle fait[21].

---

[19] NdT : Si vous ne voulez pas vous embêter avec un onglet supplémentaire, allez dans le menu `Affichage` puis cliquez sur le chapeau chinois inversé sous `Macros`, à l'extrême droite.

[20] NdT : Vous pouvez aussi faire un clic droit sur un onglet du ruban (ces manips ne sont pas enregistrables par macro).

[21] NdT : Vous avez le droit au trait de soulignement et aux accents dans le nom (seul élément de la boîte obligatoire), mais pas aux espaces :

Touche de raccourci : Vous pouvez taper n'importe quelle lettre dans cette zone de saisie[22]. Cette lettre s'ajoute à la touche **Ctrl** de votre clavier et permet de ré-exécuter la macro. C'est optionnel.

Enregistrer la macro dans : Spécifiez l'endroit où vous voulez que la macro soit stockée. Si vous comptez envoyer votre tableau croisé à quelqu'un, choisissez Ce classeur pour que la macro soit disponible pour vos clients.

Description : Dans cette zone de saisie, vous pouvez entrer quelques mots d'explication[23] sur la macro.

Cette macro actualisant votre tableau croisé dynamique quand on l'exécute, nommez-la ActualiserDonnées et assignez-lui le raccourci Ctrl+R[24]. Remarquez qu'en sortant du champ de saisi du raccourci, la boîte de dialogue vous impose Ctrl+Shift+R. Gardez à l'esprit que vous devrez taper cette suite de trois touches pour exécuter la macro une fois que vous aurez terminé son enregistrement. Assurez-vous de stocker la macro dans Ce classeur. Ceci fait, votre boîte de dialogue devrait ressembler à celle de la figure 7.1. Cliquez alors sur OK.

```
Sub zoom_100_pour_cent()

        ActiveWindow.Zoom = 100

End Sub
```

[22] NdT : y compris les accents, mais ils ne fonctionnent pas quand on essaie d'exécuter la macro avec un tel raccourci :

```
Sub zoom_sur_sélection()

' Touche de raccourci du clavier: Ctrl+é : ne fonctionne pas

    ActiveWindow.Zoom = True

End Sub
```

[23] NdT : 255 caractères.

[24] NdT : Avec un R majuscule.

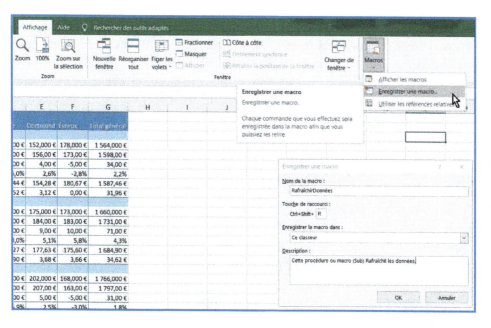

Fig. 7.1 : La boîte de dialogue `Enregistrer une macro`

Lorsque vous cliquez sur **OK** dans la boîte de dialogue `Enregistrer une macro`, vous initiez le processus d'enregistrement. À partir de ce moment, toute action que vous accomplissez est enregistrée par Excel. Dans notre cas, vous voulez enregistrer l'action consistant en l'actualisation du tableau croisé dynamique.

Faites un clic droit n'importe où dans le tableau croisé et sélectionnez `Actualiser`. Après avoir actualisé votre tableau, vous pouvez arrêter le processus d'enregistrement en allant dans l'onglet `Développeur` et en cliquant sur la zone `Arrêter l'enregistrement`.

Félicitations ! Vous venez d'enregistrer votre première macro. Vous pouvez maintenant la ré-exécuter en tapant **Ctrl+Shift+R**.

Note importante sur la sécurité des macros : Vous devez savoir que lorsque vous enregistrez une macro vous-même, elle s'exécute sans problème sur votre PC, sans restrictions de sécurité. Cependant, lorsque vous enverrez vos classeurs avec macros à vos clients, ceux-ci devront dire à Excel que tel classeur n'est pas un risque au point vue sécurité, et donc qu'il doit permettre l'exécution de vos macros.

En fait, sachez qu'avec tout fichier de ce livre contenant des macros, Excel vous demandera s'il doit permettre l'exécution des macros.

La meilleure façon de faire ceci est en stockant vos classeurs dans un emplacement approuvé, autrement dit un répertoire qui est considéré comme un endroit sûr où vous ne stockerez que des classeurs dignes de confiance. Un emplacement approuvé vous permettra, ainsi qu'à vos clients, d'ouvrir un classeur avec des macros sans restrictions de sécurité, tant que le classeur se situe à cet endroit.

Pour ajouter un emplacement approuvé, suivez ces étapes :

1. Cliquez sur la zone `Sécurité des macros` de la section `Code` de l'onglet `Développeur`[25].
2. Cliquez sur `Emplacements approuvés…`
3. …puis sur « `Ajouter un nouvel emplacement…` ».
4. Cliquez sur `Parcourir` pour indiquer le répertoire à considérer comme un emplacement approuvé.

Après avoir spécifié un emplacement approuvé, cliquez sur **OK** à chaque boîte de dialogue pour les refermer. Dorénavant, tous les classeurs situés à cet endroit s'ouvriront par défaut avec l'exécution des macros permise.

Dans la section suivante, vous irez au-delà de l'enregistrement des macros. Vous apprendrez à créer des tableaux croisés via VBA. Vous apprendrez à vous servir de ce langage pour créer de puissants processus et calculs cachés derrière vos tableaux croisés.

Générer des tableaux croisés dynamiques à l'aide de VBA

En premier lieu, vous allez devoir permettre VBA dans votre version d'Excel. Si, par défaut, VBA est désactivé dans votre propre copie d'Excel/Office, avant de pouvoir commencer à vous servir de VBA, vous devrez permettre les macros dans le `Centre de gestion de la confidentialité`[26].

---

[25] NdT : Ou cliquez sur `Fichier` > `Options` > `Centre de gestion de la confidentialité` > « `Paramètres du Centre de gestion de la confidentialité…` ».

[26] NdT : Pour que vos macros puissent tourner sans trop abaisser le niveau de sécurité, je vous conseille de cocher, dans `Fichier` > `Options` > `Centre de gestion de la confidentialité` > `Paramètres du Centre de gestion de la confidentialité` > `Paramètres des macros`, le bouton radio `Désactiver`

Suivez ces étapes :

1. Cliquez sur le menu Fichier pour passer en **mode Backstage**.
2. Dans le volet de navigation de gauche, cliquez sur Options. La boîte de dialogue Options Excel s'affiche.
3. Sélectionnez à gauche Personnaliser le ruban.
4. La liste de droite montre les Onglets principaux disponibles avec Excel. Par défaut, la case à cocher de l'onglet Développeur n'est pas cochée. Cochez-la pour que cet onglet apparaisse dans votre ruban puis cliquez sur OK pour refermer Options Excel.
5. Cliquez sur l'onglet Développeur du ruban. Comme vous le montre la figure 7.2, la section Code à gauche du ruban inclut les icônes de l'éditeur Visual Basic (*VBE, Visual Basic Editor*), des Macros, d'Ainsi que le bouton Utiliser des références relatives et de la Sécurité des macros.

Accrochez-vous, c'est un peu complexe. Mettons que vous ayez certaines colonnes à recopier dix colonnes plus loin. Si vous enregistrez votre macro sans utiliser les références relatives, à chaque fois que vous ré-exécuterez votre macro, elle ne fera que recopier la même colonne A en K, alors qu'avec les références relatives, B sera recopiée en L, C en M etc :

```
Sub copie_colonne_avec_références_relatives_désactivé()

'avec le bouton "Utiliser les références relatives" de la même couleur
que le ruban

        Columns("A:A").Select

        Selection.Copy

        Columns("K:K").Select

        ActiveSheet.Paste

End Sub

Sub copie_colonne_avec_références_relatives_activé()

'avec le bouton "Utiliser les références relatives" en sombre

        ActiveCell.Offset(0, -10).Columns("A:A").EntireColumn.Select

        Selection.Copy

        ActiveCell.Offset(0, 10).Columns("A:A").EntireColumn.Select

        ActiveSheet.Paste

End Sub
```

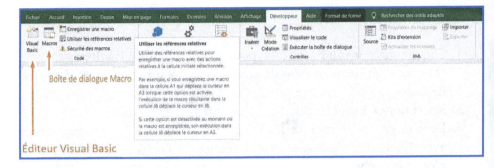

Fig. 7.2 : Le menu développeur et ses outils macro et VBA

6. Cliquez sur l'icône `Sécurité des macros`. Excel ouvre alors le `Centre de gestion de la confidentialité` où vous avez, dans `Paramètres des macros`, quatre choix de sécurité. Leur formulation est différente de celle utilisée d'Excel 97 à Excel 2003. L'étape 7 vous explique chacun de ces choix.

7. Choisissez l'une des options suivantes :

a. `Désactiver toutes les macros avec notification` : ce choix est équivalent à `Niveau de sécurité moyen` avec Excel 2003. Quand vous ouvrez un classeur contenant des macros, un message d'alerte vous indique que ce classeur contient des macros. Si vous savez déjà qu'il y a des macros dans ce classeur, vous devriez cliquer sur Options, Permettre (*Options, Enable*) pour pouvoir exécuter ces macros. C'est l'option la plus sûre, car elle vous oblige à donner explicitement la permission d'exécution aux macros pour chaque classeur.

b. `Activer toutes les macros` : Cette option n'est pas recommandée parce qu'il y a `risque d'exécution de code potentiellement dangereux`. Cette option correspond au `Niveau de sécurité bas` d'Excel 2003. Cela pouvant permettre à des macros malveillantes, cachées dans des fichiers, que d'autres vous ont envoyés, de s'exécuter ; Microsoft recommande de ne pas utiliser cette option.

L'éditeur VBA

Dans Excel, tapez **Alt+F11** ou cliquez sur `Visual Basic` dans l'onglet `Développeur` pour ouvrir l'éditeur VBA montré en figure 7.3[28]. Les trois sous-fenêtres principales de l'éditeur sont décrites ci-dessous. Si c'est la première fois que vous utilisez VBA, certaines sont peut-être masquées. Suivez les instructions données dans la liste suivante pour vous assurer que chacune d'elle est affichée.

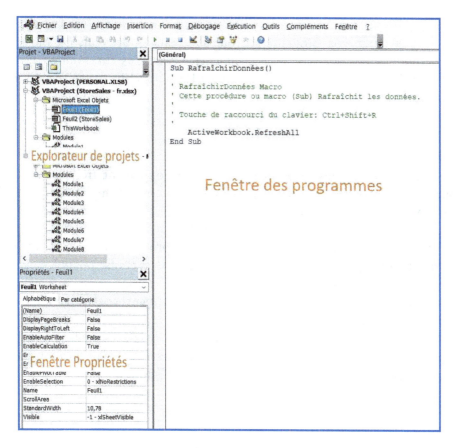

Fig. 7.3 : L'Éditeur *Visual Basic* (VBE)

L'`Explorateur de projets` (*Project Explorer*) : Ce panneau latéral affiche un arbre hiérarchique de tous les classeurs ouverts.

---

[28] NdT : `Alt+F4` pour le refermer.

Développez l'arborescence pour voir les feuilles de calcul et les modules de programmes (*code module*) présents dans ce classeur. Si l'explorateur de projets n'est pas visible, affichez-le en tapant `Ctrl+R`[29].

La `Fenêtre Propriétés` (*Properties window*) :La fenêtre des propriétés est importante quand vous commencez à programmer des `User forms` (formulaires utilisateur). Elle peut être utile quand on écrit des programmes ordinaires, alors affichez-la en tapant `F4`.

La `Fenêtre des programmes` (*code window*) : C'est la zone où vous tapez vos programmes, qui sont rangés dans un ou plusieurs modules de code (*code modules*) attachés à votre classeur. Pour en ajouter un à un classeur, allez dans le menu VBA `Insertion` et sélectionnez `Module`.

Les outils de Visual Basic

Visual Basic est un environnement de développement très performant. Bien que ce chapitre ne puisse vous donner un cours complet sur VBA, si vous ne connaissez pas ce langage de programmation, vous devriez essayer de tirer le meilleur parti de ses outils essentiels.

Quand vous commencerez à écrire vos programmes, Excel va par moment vous proposer une liste déroulante des choix possibles. Cette particularité, appelée autocomplétion ou saisie semi-automatique (*AutoComplete*), vous permet d'écrire plus rapidement vos programmes et évite les fautes de frappe.

Si vous avez besoin d'aide sur un mot-clé, placez le curseur dans le mot et appuyez sur `F1`. Vous aurez peut-être besoin des DVD d'installation parce que le fichier d'aide VBA peut être exclu de l'installation d'Office 2010/2013/2016[30].

---

[29] NdT : Ou via le menu `Affichage`.

[30] NdT : Il existe bien des fichiers d'aide .chm dans `C:\Program Files\Microsoft Office\root\vfs\ProgramFilesX86\Microsoft Office\Office16\1033` et `1036`, mais ils concernent une partie très spécifique de VBA. Si vous voulez continuer à utiliser l'aide antérieure qui n'obligeait pas à être tout le temps connecté à Internet — inutile pour débuter avec VBA — le mieux est de conserver l'ancienne version d'Excel ou de placer sur votre bureau un raccourci vers « `C:\Program Files (x86)\Microsoft Office\Office\1036\VBAXL9.chm` ».

Excel vérifie chaque ligne de code dès que vous avez fini de la taper. Les lignes **erronées** apparaissent en rouge tandis que les **commentaires** sont en vert. Vous pouvez ajouter des commentaires en les débutant par une apostrophe droite (`'`). Mettez beaucoup de commentaires pour pouvoir vous rappeler de ce que fait chaque section de programme.

En dépit de cette première vérification dont nous venons de parler, Excel peut aussi rencontrer des erreurs en cours d'exécution. Si cela arrive, cliquez sur le bouton Débogage. La ligne qui a causé l'erreur est surlignée en jaune. Faites passer le pointeur de la souris sur n'importe quelle variable pour voir sa valeur en cet instant.

Lorsque vous êtes en mode débogage, servez-vous du menu Débogage pour avancer dans votre programme ligne par ligne[31]. Si votre écran est large, essayez de disposer la **fenêtre Excel** et la **fenêtre VBA** l'une à côté de l'autre. De cette manière, vous verrez l'effet qu'a l'exécution d'une ligne de code sur la feuille de calcul.

Il y a d'autres formidables outils de débogage comme les points d'arrêt (*breakpoints*), la fenêtre Variables locales (*Watch window*), l'Explorateur d'objets (*Object Browser*) et la fenêtre Exécution (*Immediate window*). Vous devriez étudier tout ce qui concerne ces outils dans le menu d'aide de VBA d'Excel.

Comprendre la programmation orientée objet

VBA est un **langage de programmation orienté objet**. La plupart des lignes de code en VBA suivent la syntaxe « Nom.Verbe » (*Noun.Verb syntax*). Toutefois, en VBA, cela s'appelle « Object.Method ». Parmi les exemples d'objets, on peut citer les classeurs, les feuilles de calcul, les cellules, ou les plages de cellules (*ranges of cells*). Les méthodes peuvent être des actions typiques d'Excel telles que `.Copy` (copier), `.Paste` (coller), `.PasteSpecial` (collage spécial).

De nombreuses méthodes peuvent être précisées à l'aide de paramètres-adverbes grâce auxquels vous spécifiez la façon dont la méthode doit être exécutée. Si vous voyez une construction comportant un « `:=` » un deux-points suivi du signe égal), dites-vous que l'enregistreur de macros décrit la manière dont la méthode devrait travailler[32].

---

[31] NdT : Ou de la touche **F8**.

[32] NdT :

Vous risquez aussi de rencontrer des lignes de code où vous assignerez une valeur aux adjectifs d'un objet. En VBA, les adjectifs s'appellent des propriétés (*properties*). Si vous écrivez `ActiveCell.Font.ColorIndex = 3`, vous donnez à la police de caractères de la cellule sélectionnée la couleur rouge. Remarquez que lorsque vous travaillez avec des propriétés, il n'y a qu'un `=` (le signe égal), et non un `:=` (un deux-points et un signe égal).

Si vous voulez écrire des programmes efficaces en VBA, vous devez maîtriser quelques techniques simples qui vous aideront à sauter le pas vers l'écriture de code réussi.

Écrire des programmes gérant des plages de données de dimensions variables

L'enregistreur de macros code en dur (telles quelles) les plages de données telles que `A1:L87601`. Bien que cette façon de programmer puisse marcher avec vos données actuelles, ça pourrait ne plus fonctionner dès que vous recevrez de nouveaux jeux de données. C'est pourquoi vous devez écrire des programmes qui puissent traiter des ensembles de données de toutes tailles.

L'enregistreur de macros se sert d'une syntaxe telle que `Range("H12")` pour adresser une cellule. Toutefois, un programme qui utilise `Cells(12, 8)` pour adresser la cellule de la ligne 12, colonne 8, est plus souple. De même, l'enregistreur de macros adresse une plage rectangulaire au moyen de « `Range("A1:L87601")` ». Néanmoins, la syntaxe `Cells` est plus souple si l'on y adjoint la propriété `Resize()` pour adresser le nombre de lignes et de colonnes de la plage. Pour adresser la même plage, une façon équivalente est donc « `Cells(1, 1).Resize(87601,12)` ». Cette approche est plus souple parce que vous pouvez remplacer chacun des nombres par une variable[33].

```
' De l'usage du := pour les arguments nommés

nf = "StoreSales"

Sheets(Index:=nf).Select      'argument nommé
```

[33] NdT : Voici deux façons de sélectionner la même plage de cellules :

```
Range("A1:C7").Select                         'option 1

nb_lign = 7 :nb_col = 3       '=C7
```

Avec l'interface utilisateur d'Excel, vous pouvez vous servir de la touche **Fin** du clavier pour sauter à la fin d'une plage de données. Si vous déplacez le pointeur de cellule (*cell pointer*) jusqu'à la dernière ligne de la feuille de calcul et appuyez sur la touche **Fin** suivie par la touche flèche vers le haut (↑), le pointeur de cellule saute à la dernière ligne avec des données. Pour faire la même chose en VBA, servez-vous du code suivant[34] :

```
Range("A1048576").End(xlUp).Select
```

Si vous n'avez pas besoin de sélectionner cette cellule mais seulement besoin du numéro de la dernière ligne contenant des données, le code suivant trouve cette ligne et sauvegarde le numéro de ligne dans une variable intitulée **Ligne_Finale** :

```
Ligne_Finale = Range("A1048576").End(xlUp).Row
```

Il n'y a rien de magique avec cette variable nommée **Ligne_Finale**. Vous auriez aussi bien pu l'appeler x, y ou même lui donner le nom de votre chien. Toutefois, VBA vous permettant de donner des noms très sensés à vos variables, vous devriez opter pour des noms parlants tels que **Ligne_Finale** pour indiquer la ligne finale.

Vous pouvez aussi avoir à trouver la dernière colonne d'un jeu de données. Si vous êtes relativement sûr que votre jeu de données commence à la ligne 1, vous pouvez vous servir de la touche **Fin** combinée à la touche

---

```
Cells(1, 1).Resize(nb_lign, nb_col).Select          'option 2
```

Mais, pour sélectionner 3 lignes et 7 colonnes supplémentaires pour la plage sélectionnée :

```
Cells(4, 5).Resize(10, 7).Select 'sélectionne E4:K13
```

```
'En effet, il faut soustraire 1 à chaque nombre fourni à resize().
```

```
numLignes = Selection.Rows.Count
```

```
numColonnes = Selection.Columns.Count
```

```
'sélectionne (étend la sélection) E4:R16
```

```
Selection.Resize(numLignes + 3, numColonnes + 7).Select
```

[34] NdT : …qui sélectionne la dernière cellule contenant des données en colonne A.

---

flèche vers la gauche (←) pour sauter de la cellule **XFD1** à la dernière colonne comportant des données[35]. Pour que vos programmes soient sûrs de fonctionner avec les versions antérieures d'Excel, utilisez le code suivant[36] :

```
Col_finale = _
Cells(1, Columns.Count).End(xlToLeft).Column
```

L'utilisation des super-variables ou variables objet

Avec un langage de programmation ordinaire, une variable ne contient qu'une seule valeur. En écrivant `x = 4`, vous assignez la valeur 4 à la variable x.

Mais pensez à une simple cellule d'Excel : elle possède de nombreuses propriétés. Une cellule peut contenir une valeur telle que 4, mais aussi une taille de police de caractères, une couleur de police, une ligne, une colonne, éventuellement une formule et même un commentaire, une liste d'antécédents, etc. Il est possible, en VBA, de déclarer une super-variable qui contiendra toutes les informations concernant une cellule ou n'importe quel objet. Une ligne de code classique telle que `x = Range("A1")` crée une variable x (si elle n'existe pas déjà) et lui assigne la valeur courante de la cellule A1.

Toutefois, vous pouvez vous servir du mot-clé `Set` pour créer[37] une variable objet :

```
Set x = Range("A1")
```

Vous avez ainsi créé une super-variable qui contient toutes les propriétés de la cellule. Au lieu d'avoir une variable ne contenant qu'une valeur, vous avez une variable par laquelle vous pouvez accéder aux valeurs de nombreuses propriétés associées à cette variable. `x.Formula` vous renseignera par exemple sur la formule contenue en A1 et `x.Font.ColorIndex` vous donnera la couleur de la police de cette cellule.

---

[35] NdT : Ou encore avec Ctrl+flèches (plus instinctif).

[36] NdT : Dernière colonne contenant des données en ligne 1. `Columns.Count` = 16 384 = XFD.

[37] NdT : Déclaration implicite.

Astuce Importante : Dans les exemples de ce chapitre, vous rencontrerez fréquemment une variable nommée `tc` désignant l'ensemble du tableau croisé dynamique. De cette façon, à chaque fois que votre programme doit se référer à :

`ActiveSheet.PivotTables("Tableau croisé dynamique1")`, vous pouvez écrire à la place `tc`, ce qui vous évite une saisie aussi longue.

Se servir de `With` et `End With` pour compacter ses programmes

Vous vous rendrez souvent compte que vous aurez à faire plusieurs modifications à votre tableau croisé dynamique. Quoique le programme suivant soit expliqué plus loin dans ce chapitre, toutes ces lignes exécutent des ajustements du tableau croisé :

```
tc.NullString = 0
tc.RepeatAllLabels xlRepeatLabels
tc.ColumnGrand = False
tc.RowGrand = False
tc.RowAxisLayout xlTabularRow
tc.TableStyle2 = "PivotStyleMedium10"
tc.TableStyleRowStripes = True[38]
```

À chacune de ces lignes, le moteur d'exécution ou d'interprétation de VBA doit deviner ce que vous voulez dire par `tc`, mais votre programme est plus rapide si vous n'indiquez à VBA qu'une seule fois à quoi correspond `tc`. Ceci fait, toutes les lignes suivantes pourront se passer de `tc`. Toute ligne commençant par un point est supposée se référer à l'objet désigné au début de la structure `With` / `End With`. La section de programme doit d'ailleurs se terminer par ces deux derniers mots :

```
With tc
    .NullString = 0
```

---

[38] NdT : `.ColumnGrand = True` affiche (ajoute) une ou plusieurs lignes de totaux, `.RowGrand = True` affiche (ajoute) une colonne `Total général`, `.RowAxisLayout xlCompactRow` donne un affichage plus compact, moins verbeux que les deux autres et `.TableStyle2 = "PivotStyleLight13"` change le style du tableau croisé dynamique. Quant à `TableStyleRowStripes`, il a généré une erreur avec mon Excel 2019.

```
    .RepeatAllLabels xlRepeatLabels
    .ColumnGrand = False
    .RowGrand = False
    .RowAxisLayout xlTabularRow
    .TableStyle2 = "PivotStyleMedium10"
    .TableStyleRowStripes = True
End With
```

Générer un tableau croisé dynamique en VBA

Exercice pratique n° 3

Cet exercice n'a pas pour but de vous apprendre à créer des tableaux croisés dynamiques à envoyer à vos clients en partant de zéro. Il se propose plutôt de vous donner de bonnes bases pour programmer en VBA, les tableaux croisés étant un moyen pour atteindre cet objectif. Vous pouvez vous servir d'un tableau croisé dynamique pour générer un résumé de vos données puis utiliser ce résumé ailleurs. Alors ouvrez un nouveau classeur ainsi que votre éditeur VBA et commençons à programmer ensemble !

Avec **Excel 2000 et les versions ultérieures**, vous devez d'abord créer un cache de tableau croisé dynamique[39] (*pivot table cache*), objet qui décrira la zone de données :

```
Dim fc As Worksheet ' feuille de calcul
Dim tcCache As PivotCache
Dim tc As PivotTable
Dim tcRange As Range
Dim Ligne_Finale As Long[40]
Dim Col_finale As Long
Set fc = Worksheets("Data")[41]

' Efface ▨ tout tableau croisé dynamique existant
For Each tc In fc.PivotTables
```

---

[39] NdT : Cache de la mémoire d'un rapport de tableau croisé dynamique.

[40] NdT : Le type de données Long correspond à ± 9,2 E +18 (avec un système 64 bits).

[41] NdT : Vous devez donc avoir une feuille de calcul nommée Data.

```
    tc.TableRange2.Clear
Next tc
```

```
' Défini la zone de données et génère un
' tableau croisé dynamique
Ligne_Finale = fc.Cells(Rows.Count, 1).End(xlUp).Row
Col_finale = _
    fc.Cells(1, Columns.Count).End(xlToLeft).Column
Set tcRange = _
    fc.Cells(1, 1).Resize(Ligne_Finale, Col_finale)
Set tcCache = _
  ActiveWorkbook.PivotCaches.Add(SourceType:=xlDatabase,
SourceData:=tcRange)
```

Après avoir défini notre cache de tableau croisé, nous nous servirons de la méthode CreatePivotTable pour générer un tableau croisé dynamique vierge basé sur le cache défini :

```
Set tc = _
    tcCache.CreatePivotTable(TableDestination:=fc.Cells(2,
Col_finale + 2), TableName:="Tableau croisé dynamique1")
```

Avec la méthode CreatePivotTable, vous spécifiez l'endroit où atterrira votre tableau croisé et donnez éventuellement un nom à ce dernier. Après exécution de cette dernière ligne de code, un étrange tableau croisé, vierge, apparaît sur votre feuille, semblable à celui de la figure 7.4. Il va maintenant nous falloir ajouter des lignes pour insérer des champs dans notre tableau.

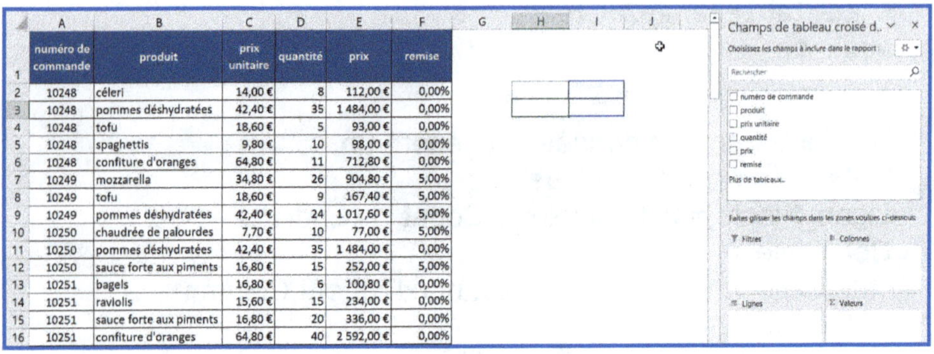

numéro de commande	produit	prix unitaire	quantité	prix	remise
10248	céleri	14,00 €	8	112,00 €	0,00%
10248	pommes déshydratées	42,40 €	35	1 484,00 €	0,00%
10248	tofu	18,60 €	5	93,00 €	0,00%
10248	spaghettis	9,80 €	10	98,00 €	0,00%
10248	confiture d'oranges	64,80 €	11	712,80 €	0,00%
10249	mozzarella	34,80 €	26	904,80 €	5,00%
10249	tofu	18,60 €	9	167,40 €	5,00%
10249	pommes déshydratées	42,40 €	24	1 017,60 €	5,00%
10250	chaudrée de palourdes	7,70 €	10	77,00 €	5,00%
10250	pommes déshydratées	42,40 €	35	1 484,00 €	0,00%
10250	sauce forte aux piments	16,80 €	15	252,00 €	5,00%
10251	bagels	16,80 €	6	100,80 €	0,00%
10251	raviolis	15,60 €	15	234,00 €	0,00%
10251	sauce forte aux piments	16,80 €	20	336,00 €	0,00%
10251	confiture d'oranges	64,80 €	40	2 592,00 €	0,00%

Fig. 7.4 : Excel génère un tableau croisé dynamique vierge, de peu d'utilité, dès que la méthode `CreatePivotTable` a été exécutée

Si vous cochez la case `Différer la mise à jour de la disposition` du volet latéral du tableau croisé, Excel ne le met pas à jour lorsque vous cochez ou déplacez un champ dans le volet latéral. En VBA, par défaut, Excel recalcule le tableau à chaque fois que vous exécutez une étape de construction du tableau. Ceci peut entraîner une demi-douzaine de mises à jour de ce dernier avant que vous n'arriviez au résultat final.

Pour accélérer la vitesse d'exécution de votre programme, vous pouvez empêcher temporairement ce re-calcul du tableau grâce à la propriété `ManualUpdate` :

```
tc.ManualUpdate = True
```

Ceci fait, vous pouvez vous occuper des étapes nécessaires à l'agencement du tableau. Avec la méthode `.AddFields`, vous pouvez indiquer un ou plusieurs champs et les placer dans la section `Lignes`, `Colonnes` ou `Filtres`.

Le paramètre `RowFields` vous permet de définir les champs qui apparaîtront dans la zone `Étiquettes de lignes` du tableau croisé. Le paramètre `ColumnFields` correspond à la zone des `Étiquettes de colonnes`. Le paramètre `PageFields` correspond à la zone `Filtres` du volet.

Les lignes de code suivantes ajoutent deux champs à la section `Lignes` :

```
' Mise en place des champs en ligne et colonne
tc.AddFields RowFields:=Array("Catégorie", _
```

```
"Produit"), ColumnFields:="Région"
```

Conseil important : Si vous ajoutez un seul champ tel que `région` à la section `Colonnes`, il suffit de le mettre entre guillemets droits doubles. Si vous ajoutez plus d'un champ, vous devez les inclure dans une liste grâce à la fonction `Array()`.

Bien que les champs de lignes, de colonnes ou de filtres du tableau croisé puissent être gérés au moyen de la méthode `.AddFields`, il vaut mieux ajouter des champs à la zone de données en se servant du programme indiqué ci-après.

Ajouter des champs à la zone de données

Lorsque vous ajouterez des champs à la zone de données du tableau croisé dynamique, il y a de nombreux paramètres que vous préférerez gérer vous-même plutôt qu'en laisser le soin à la fonctionnalité IntelliSense d'Excel.

Mettons que vous voulez créer un rapport contenant des recettes. Vous voudrez sans doute en faire la somme. Si vous n'indiquez pas à Excel explicitement qu'il faut faire un calcul, il parcourra les données initiales : si la totalité des cellules de données de la colonne des recettes est numérique, il en fait la somme ; si une cellule est vide ou contient du texte, il décidera de dénombrer. Cela donne un résultat déroutant.

À cause de cette fluctuation potentielle, vous ne devriez jamais vous servir de l'argument `DataFields` avec la méthode `AddFields`. Il vaut mieux changer la propriété du champ en `xlDataField` puis donner à la propriété `Function` la valeur `xlSum`.

Pendant que vous préciser les champs de données, profitez-en pour changer plusieurs autres propriétés dans le même bloc `With... End With`.

La propriété `Position` est utile quand on ajoute plusieurs champs à la zone de données. Indiquez 1 pour le premier champ, 2 pour le second, etc.

Par défaut, Excel renomme le champ `recettes` en un bizarre `Somme de recettes`. La propriété `.Name` vous donnera la possibilité de rétablir ça. Remarquez que si votre champ a le malheur de s'appeler `Revenue`, ça ne marchera pas, mais il vous suffira de l'appeler « `Revenue ` » (avec une espace en fin de mot).

Vous n'êtes pas obligé de préciser un format numérique, mais cela rendra votre tableau croisé dynamique plus facile à lire et à comprendre et ça ne vous prendra qu'une petite ligne :

```
' Indication des champs de données
With tc.PivotFields("recettes")
  .Orientation = xlDataField
  .Function = xlSum
  .Position = 1
  .NumberFormat = "#,##0"
  .Name = "recettes"
End With
```

Formater le tableau croisé

Microsoft a introduit la forme compacte de la disposition des rapports (de tableaux croisés) avec Excel 2007[42]. Il y a trois dispositions disponibles avec Excel 2010, 2013 et 2016. Par défaut, Excel propose la forme tabulaire. C'est une bonne chose car cette dernière forme est la plus sensée, mais ça ne coûte rien d'ajouter une ligne pour s'assurer que la disposition du rapport sera bien celle voulue :

```
tc.RowAxisLayout xlTabularRow
```

Avec la forme tabulaire, chaque champ des Étiquettes de lignes est dans une colonne différente et pour chaque groupe, le sous-total se détache en dessous. C'est la disposition la plus ancienne et la plus à même d'inciter à réétudier le tableau croisé dynamique plus en détail.

L'interface utilisateur d'Excel se rabat fréquemment par défaut sur la forme compactée où plusieurs colonnes des Étiquettes de lignes sont assemblées en une seule à gauche. Si vous préférez cette dernière, voici ce qu'il faut écrire :

```
tc.RowAxisLayout xlCompactRow
```

---

[42] NdT : Outils de tableau croisé dynamique > Création.

La seule limitation de la `forme tabulaire` est l'impossibilité d'avoir les totaux en haut de chaque groupe. Si c'est ce que vous désirez, vous devez passer en `mode Plan` avec les totaux en haut de chaque groupe :

```
tc.RowAxisLayout xlOutlineRow
tc.SubtotalLocation xlAtTop
```

Votre tableau croisé dynamique hérite du style de tableau paramétré par défaut de l'ordinateur sur lequel vos programmes seront exécutés. Si vous ne voulez pas qu'il s'affiche n'importe comment, vous pouvez choisir explicitement un style de tableau croisé dynamique. Le code suivant applique des `Lignes à bandes` et un style de tableau `moyen` :

```
' Formatage du tableau croisé dynamique
tc.ShowTableStyleRowStripes = True
tc.TableStyle2 = "PivotStyleMedium10"
```

Arrivé à ce point, vous avez indiqué à Excel, en VBA, tous les paramètres requis pour qu'il génère correctement votre tableau croisé. Si vous avez donné à `ManualUpdate` la valeur `False`, Excel calcule et affiche le tableau. Ensuite, vous pouvez aussitôt redonner à cette propriété la valeur `True` comme ceci :

```
' Calcul du tableau croisé dynamique
tc.ManualUpdate = False
tc.ManualUpdate = True
```

Vous avez désormais un tableau croisé dynamique complet, semblable à celui de la figure 7.5 :

Lieu	Mois	ntes prévues	effect
Avignon	Jan	406	414
Barcelone	Jan	332	329
Cordoue	Jan	496	526
Dortmund	Jan	152	156
Évreux	Jan	178	173
Avignon	Fév	415	427
Barcelone	Fév	346	342
Cordoue	Fév	551	595
Dortmund	Fév	175	184
Évreux	Fév	173	183
Avignon	Mar	424	416
Barcelone	Mar	360	363
Cordoue	Mar	612	648
Dortmund	Mar	202	207
Évreux	Mar	168	163
Avignon	Avr	432	450
Barcelone	Avr	338	329
Cordoue	Avr	509	526
Dortmund	Avr	155	150
Francfort	Avr	191	170
Gap	Avr	181	170

Mois / Données	Avignon	Barcelone	Cordoue	Dortmund	Évreux	Francfort	Gap	Total général
Mar								
Somme de Ventes prévues	424 €	360 €	612 €	202 €	168 €			1 766 €
Somme de Ventes effectuées	416 €	363 €	648 €	207 €	163 €			1 797 €
Avr								
Somme de Ventes prévues	432 €	338 €	509 €	155 €		191 €	181 €	1 806 €
Somme de Ventes effectuées	450 €	329 €	526 €	150 €		170 €	170 €	1 795 €
Fév								
Somme de Ventes prévues	415 €	346 €	551 €	175 €	173 €			1 660 €
Somme de Ventes effectuées	427 €	342 €	595 €	184 €	183 €			1 731 €
Jan								
Somme de Ventes prévues	406 €	332 €	496 €	152 €	178 €			1 564 €
Somme de Ventes effectuées	414 €	329 €	526 €	156 €	173 €			1 598 €
Total Somme de Ventes prévues	1 677 €	1 376 €	2 168 €	684 €	519 €	191 €	181 €	6 796 €
Total Somme de Ventes effectuées	1 707 €	1 363 €	2 295 €	697 €	519 €	170 €	170 €	6 921 €

Fig. 7.5 : Moins de cinquante lignes de code ont suffi pour générer ce tableau croisé dynamique en moins d'une seconde

Voici le programme complet qui a servi à créer ce tableau croisé dynamique :

```
Dim fc As Worksheet ' feuille de calcul
Dim tcCache As PivotCache
Dim tc As PivotTable
Dim tcRange As Range
Dim Ligne_Finale As Long
Dim Col_finale As Long

Set fc = ThisWorkbook.Worksheets("Data")

' Efface tout tableau croisé dynamique existant
For Each tc In fc.PivotTables
    tc.TableRange2.Clear
Next tc

' Efface les colonnes F à O, y compris les tableaux croisés
fc.Range("F1:O1").EntireColumn.Clear

Ligne_Finale = fc.Cells(Rows.Count, 1).End(xlUp).Row
Col_finale = _
    fc.Cells(1,Application.Columns.Count) _
```

```vba
        .End(xlToLeft).Column

Set tcRange = _
    fc.Cells(1, 1).Resize(Ligne_Finale, Col_finale)

Set tcCache = ActiveWorkbook.PivotCaches.Add _
    (SourceType:=xlDatabase, _
    SourceData:=tcRange.Address)

Set tc = tcCache.CreatePivotTable( _
    TableDestination:=fc.Cells(2, Col_finale + 2), _
    TableName:="Tableau croisé dynamique1")

' empêche la mise à jour pendant la création du tableau croisé
tc.ManualUpdate = True

' Mise en place des champs en ligne et en colonne

' champ Lieu n° 1 dans section Colonnes
With tc.PivotFields("Lieu")
    .Orientation = xlColumnField
    .Position = 1
End With

With tc.PivotFields("Mois")
    .Orientation = xlRowField
    .Position = 1
End With

With tc.PivotFields("Ventes prévues")
    .Orientation = xlDataField
    .Function = xlSum
    .Position = 1
    .NumberFormat = "# ##0 €"
End With

With tc.PivotFields("Ventes effectuées")
    .Orientation = xlDataField
    .Function = xlSum
```

```
        .Position = 2
        .NumberFormat = "# ##0 €"
    End With

    [--- 'Pour supprimer un champ d'une des quatre sections du volet
latéral :
    ActiveSheet.PivotTables( _
        "Tableau croisé dynamique7").PivotFields( _
        "Lieu").Orientation = xlHidden ---]

    'formatage du tableau croisé
    tc.RowAxisLayout xlOutlineRow
    tc.SubtotalLocation xlAtTop
    tc.ShowTableStyleRowStripes = True
    tc.TableStyle2 = "PivotStyleMedium9"

    ' Mise à jour du tableau croisé dynamique
    tc.ManualUpdate = False
    tc.ManualUpdate = True

    fc.Activate
    Cells(2,Col_finale+2).Select[43]
```

---

[43] NdT :

```
' déplacement du champ produit de la section Colonnes à la

section Filtres du volet latéral

With ActiveSheet.PivotTables("Tableau croisé dynamique7"). _

     PivotFields("catégorie")

     .Orientation = xlPageField

     .Position = 1

End With

' Et pour afficher une seule catégorie, cachez les autres:

'With ActiveSheet.PivotTables( _

   "Tableau croisé dynamique7").PivotFields("catégorie")
```

112

Chapitre 8 : astuces avancées, trucs et techniques

Pour bien finir ce livre, je tiens à vous donner tout un tas de conseils très utiles qui vous permettront de travailler plus vite et d'économiser votre temps quand vous travaillerez sur des tableaux croisés dynamiques ou avec d'autres fonctionnalités d'Excel.

1. **Forcer les tableaux croisés à être mis à jour automatiquement.** Dans certaines situations, une telle automatisation peut être nécessaire, quand par exemple vous avez réalisé un tableau croisé pour votre patron. Vous pourriez mettre en doute son habitude de l'actualiser au besoin. Vous pouvez forcer son actualisation automatique à l'ouverture du fichier en suivant ces étapes :

   a. Faites un clic droit sur le tableau puis sélectionnez `Options du tableau croisé dynamique`.
   b. Cliquez sur l'onglet `Données` de la boîte de dialogue qui est apparue.
   c. Cochez la case `Actualiser les données lors de l'ouverture du fichier`, ce qui forcera la mise à jour du tableau croisé dynamique à chaque fois que l'on ouvre le classeur dans lequel il est.

2. **Actualiser tous les tableaux croisés d'un classeur en même temps.** Si vous avez de nombreux tableaux croisés dans un même classeur, les actualiser tous peut être assez fastidieux. Il y a plusieurs manières

```
    .PivotItems("légumes").Visible = False

    .PivotItems("fruits").Visible = False

End With

' Mais le tableau reste tout vide tant qu'on ne fait pas:

tc.ManualUpdate = False

tc.ManualUpdate = True
```

d'éviter le tracas d'avoir à le faire manuellement. Voici quelques options :

a. Configurer chaque tableau croisé du classeur de manière à ce qu'il soit mis à jour à l'ouverture du fichier, grâce à la boîte de dialogue `Options du tableau croisé dynamique` comme nous venons de le faire.

b. Écrire une macro qui actualise chacun des tableaux croisés dynamiques du classeur. Cette option est la meilleure si vous ne devez les actualiser que sur demande et non à l'ouverture du classeur. Vous cliquez sur `Enregistrer une macro` puis sur chacun des tableaux croisés et à chaque fois sur `Actualiser`. Ayant atteint le dernier tableau, vous arrêtez l'enregistrement. Vous avez maintenant une macro que n'importe qui peut exécuter au moment où il veut actualiser tous les tableaux croisés[44].

c. Vous pouvez aussi, en VBA, actualiser tous les tableaux du classeur à la demande. Cette option est utile lorsque qu'il devient impossible d'enregistrer et d'assurer le suivi d'une macro qui actualise chaque tableau croisé dynamique l'un après l'autre. Pour ce faire, nous allons avoir besoin de la méthode `RefreshAll` de l'objet `Workbook`. Pour mettre en œuvre cette technique, insérez un nouveau module et recopiez le programme suivant :

---

[44] NdT : Et si votre client ajoute des tableaux croisés ou si un des tableaux croisés ne doit pas être actualisé :

```
Sub actualiser_tous_les_tableaux_croisés()

    For Each fc In ThisWorkbook.Sheets

        For Each tc In fc.PivotTables

            If tc.Name <> "Tableau croisé 1" Then

                tc.PivotCache.Refresh

            End If

        Next tc

    Next fc

End Sub
```

```
Sub Actualiser_Tout()
    ThisWorkbook.RefreshAll
End Sub
```

Vous pourrez désormais lancer cette procédure à n'importe quel moment lorsque vous voudrez actualiser votre classeur.

3. **Trier les données dans un ordre particulier (ni croissant ni décroissant).** La figure 8.0 vous montre l'ordre par défaut des villes d'un tableau croisé. Elles sont bien dans l'ordre alphabétique Avignon, Barcelone, etc. Mais si votre compagnie est basée à Barcelone, ses traditions pourraient vous obliger à mettre cette ville en premier, avant Avignon. Malheureusement, dans un tel cas de figure, ni l'ordre croissant ni l'ordre décroissant ne vous tireront d'affaire.

Mois / Données	Lieu Avignon	Barcelone	Cordoue	Dortmund	Évreux	Francfort	Gap	Total général
Avr								
Somme de Ventes prévues	432 €	338 €	509 €	155 €		191 €	181 €	1 806 €
Somme de Ventes effectuées	450 €	329 €	526 €	150 €		170 €	170 €	1 795 €
Mar								
Somme de Ventes prévues	424 €	360 €	612 €	202 €	168 €			1 766 €
Somme de Ventes effectuées	416 €	363 €	648 €	207 €	163 €			1 797 €
Fév								
Somme de Ventes prévues	415 €	346 €	551 €	175 €	173 €			1 660 €
Somme de Ventes effectuées	427 €	342 €	595 €	184 €	183 €			1 731 €
Jan								
Somme de Ventes prévues	406 €	332 €	496 €	152 €	178 €			1 564 €
Somme de Ventes effectuées	414 €	329 €	526 €	156 €	173 €			1 598 €
Total Somme de Ventes prévues	1 677 €	1 376 €	2 168 €	684 €	519 €	191 €	181 €	6 796 €
Total Somme de Ventes effectuées	1 707 €	1 363 €	2 295 €	697 €	519 €	170 €	170 €	6 921 €

Fig. 8.0 : L'ordre par défaut des villes d'un tableau croisé dynamique

Vous pouvez réarranger votre jeu de données en tapant simplement le nom exact de la ville dans la cellule où vous voulez qu'elle soit ; ou encore utiliser l'option Déplacer du menu déroulant de la cellule avec le nom de la ville. Pour résoudre le problème donné en exemple, il suffit de taper le mot Barcelone en H3 et d'appuyer sur la touche Entrée. Le tableau croisé répond à votre demande en réorganisant les villes, ainsi que la colonne de données correspondante : les 360 € de ventes prévues suivent le mouvement de I à H et le reste des villes est réorganisé de même.

4. Transformer vos tableaux croisés en données réelles. Vous avez peut-être généré un tableau croisé pour avoir juste un résumé bien présenté de vos données et vous ne voulez pas conserver les données initiales ou le tableau croisé avec toutes ses en-têtes. Ne conserver que les valeurs de votre tableau croisé vous permettra d'utiliser les résultats générés par le tableau croisé sans avoir à vous soucier des données sources ou du tableau croisé lui-même. Mais la transformation va dépendre de ce que vous voulez extraire de votre tableau. Si vous n'avez besoin d'en recopier qu'une partie, faites ceci :

a. Sélectionnez les données que vous voulez copier dans le tableau, puis faites un clic droit et optez pour Copier.
b. Faites un clic droit n'importe où dans la feuille de calcul et sélectionnez Coller.

Si vous devez recopier tout le tableau croisé, suivez ces étapes :

a. Sélectionnez tout le tableau croisé, clic droit puis Copier.
b. Clic droit n'importe où dans la feuille puis Collage spécial.
c. Et sélectionnez Valeurs.

Conseil important : Vous voudrez sans doute ôter les sous-totaux avant d'extraire les données de votre tableau croisé. En effet, ils ne sont d'ordinaire pas très utiles lorsque les données sont sorties du tableau croisé.

Pour supprimer les sous-totaux de votre tableau croisé, identifiez d'abord le champ concerné par les sous-totaux, puis faites un clic droit sur l'en-tête directement dans le tableau, ou cliquez sur le nom du champ dans l'une des quatre sections du volet latéral et sélectionnez Paramètres de champ…, ce qui ouvrira la boîte de dialogue du même nom. Dans l'onglet Sous-totaux et filtres, sélectionnez Aucun, puis cliquez sur OK : vos sous-totaux ont disparu[45].

5. Remplir les cases laissées vides par les champs Lignes. Quand vous extrayez les données d'un tableau croisé dynamique, vous n'avez

---

[45] NdT : Vous pouvez aussi faire : Outils de tableau croisé dynamique > Création > Sous-totaux.

pas seulement les valeurs générées avec le tableau croisé, mais aussi sa structure de données. Les données de la figure 8.1, par exemple, sont celles d'un tableau croisé dynamique ayant un affichage sous forme tabulaire.

Remarquez que le champ PIÈCES a conservé la même structure de ligne que celle qu'il avait quand ses données étaient dans la zone de lignes du tableau croisé. Il serait peu judicieux de se servir de ce tableau ailleurs sans avoir rempli au préalable les cellules vides des deux premiers champs Lignes, mais comment faire une telle chose facilement ?

Somme de QTÉ			RÉGION			
CATÉGORIE	PIÈCES	NOM	Allemagne	Espagne	France	Total général
⊟ AILES						
	⊟ Auxilliary Structure					
		Becker, Sam	121			121
		Graham, Peter			97	97
		Nelson, Mary	121			121
		Simpson, Helen	85			85
		Smith, John			105	105
		Steller, Alex		129		129
		Sumner, Paul	117			117
		Taylor, Sarah			85	85
		Winchester, Charles		89		89
	⊟ Blended Winglet					
		Becker, Sam	101			101
		Graham, Peter			49	49
		Nelson, Mary	85			85
		Simpson, Helen	125			125
		Smith, John			81	81
		Steller, Alex		69		69
		Sumner, Paul	113			113
		Taylor, Sarah			89	89
		Winchester, Charles		65		65
	⊟ Bulkheads					
		Becker, Sam	85			85
		Graham, Peter			37	37
		Nelson, Mary	97			97

Fig. 8.1 : Un tableau avec toutes ces cellules vides dans les deux premières colonnes serait peu commode

Les versions 2010, 2013 et 2016 d'Excel vous fournissent en fait des manières très efficaces de résoudre ce problème. L'une d'elles est expliquée ci-dessous.

Utilisation de la nouvelle fonction Répéter toutes les étiquettes d'élément

Cette fonctionnalité vous assure que toutes les valeurs d'un champ soient répétées de manière à ce que toutes les cellules des colonnes de gauche soient remplies. Pour y accéder, sélectionnez une cellule du tableau croisé, puis l'onglet Création et vous la trouverez dans Disposition du rapport comme vous en avise la figure 8.2[46].

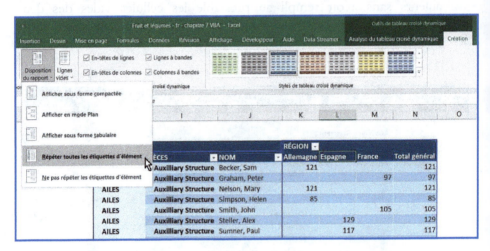

Fig. 8.2 : L'option Répéter toutes les étiquettes d'élément vous permet d'afficher vos données de tableau croisé en un bloc continu de données

La figure 8.3 vous montre à quoi ressemble un tableau croisé avec cette disposition :

---

[46] **NdT** : `ActiveSheet.PivotTables("Tableau croisé").RepeatAllLabels xlRepeatLabels`

Somme de QTÉ			RÉGION			
CATÉGORIE	PIÈCES	NOM	Allemagne	Espagne	France	Total général
AILES	Auxilliary Structure	Becker, Sam	121			121
AILES	Auxilliary Structure	Graham, Peter			97	97
AILES	Auxilliary Structure	Nelson, Mary	121			121
AILES	Auxilliary Structure	Simpson, Helen	85			85
AILES	Auxilliary Structure	Smith, John			105	105
AILES	Auxilliary Structure	Steller, Alex		129		129
AILES	Auxilliary Structure	Sumner, Paul		117		117
AILES	Auxilliary Structure	Taylor, Sarah			85	85
AILES	Auxilliary Structure	Winchester, Charles		89		89
AILES	Blended Winglet	Becker, Sam	101			101
AILES	Blended Winglet	Graham, Peter			49	49
AILES	Blended Winglet	Nelson, Mary	85			85
AILES	Blended Winglet	Simpson, Helen	125			125
AILES	Blended Winglet	Smith, John			81	81
AILES	Blended Winglet	Steller, Alex		69		69
AILES	Blended Winglet	Sumner, Paul		113		113
AILES	Blended Winglet	Taylor, Sarah			89	89
AILES	Blended Winglet	Winchester, Charles		65		65
AILES	Bulkheads	Becker, Sam	85			85
AILES	Bulkheads	Graham, Peter			37	37
AILES	Bulkheads	Nelson, Mary	97			97
AILES	Bulkheads	Simpson, Helen	81			81
AILES	Bulkheads	Smith, John			33	33
AILES	Bulkheads	Steller, Alex		141		141
AILES	Bulkheads	Sumner, Paul		141		141
AILES	Bulkheads	Taylor, Sarah			113	113
AILES	Bulkheads	Winchester, Charles		73		73
AILES	Center Wing Box	Becker, Sam	141			141
AILES	Center Wing Box	Graham, Peter			105	105
AILES	Center Wing Box	Nelson, Mary	57			57
AILES	Center Wing Box	Simpson, Helen	101			101

Fig. 8.3 : L'option Répéter toutes les étiquettes d'élément avec toutes les cases remplies par des valeurs[47]

---

[47] NdT : J'ai réfléchi au problème du tri des mois de la figure 8.0 et je vous soumets un petit programme que vous pourrez adapter à votre cas :

Conclusion

Cher lecteur, j'espère que vous avez trouvé dans ce livre une mine d'informations bien utiles. Certains des concepts qui y sont abordés vous ont peu être parus déroutants au premier abord. Cependant, avec du temps et des efforts, vous arriverez à faire de bien belles choses avec Excel et ses tableaux croisés dynamiques ainsi que leurs graphiques, créant tout ce que vous voudrez.

Je vous souhaite bonne chance dans ce que vous entreprendrez. Envoyez-moi un courriel si vous avez encore besoin d'aide ou si vous avez des questions.

Cordialement,

A. J. Wright
mwillyd@gmail.com

www.ingramcontent.com/pod-product-compliance
Lightning Source LLC
Chambersburg PA
CBHW071255050326
40690CB00011B/2407